靜下心去愛

在靜定中找到自己
也圓滿身邊的關係

洪仲清——著

自序—靜心去愛

我很關心，面對關係中的對方，第一眼的當下瞬間，我們給了對方什麼表情與肢體，還有講了什麼話？很多人沒辦法覺察自己所丟出去的石頭，只看得見湖面的一圈圈漣漪。

像是我認識一位女性朋友，談戀愛的時候，常會先挖一個洞給對方跳，然後再說對方走路沒走好。舉例來說，她看到對方的前幾句話，大概是「你有沒有很想我？」、「你看到我是不是覺得很開心？」、「你是不是覺得我很可愛？」……

生活不是好萊塢，不是每個人在談戀愛的時候，都能每分每秒保持正向而熱切的盼望。所以互動很容易往她設定好的方向走，沒聽到她想要的答案，她會表現出很失望的樣子，開始講出她自己期待中的負面對白，像是「我不在，你好像很happy齁！」、「我還以為你是因為看到我而開心，原來跟我沒有關係！」、「對啦！妳的前女友比較可愛！」

這個洞根本大到對方避不開，就算偶爾講了幾次她想聽的話，她也可以說「你根本就敷衍我！」再把自己設定的負面答案講出來，只是多一個步驟而已，接下來的劇本都沒變。反正看到對方，就習慣性地給對方壓力，下下馬威，引發一些內疚、罪惡感，然後看對方怎麼表現？

她在意這段關係，但是使用負面的方式處理。她希望在關係中愉悅，可是她的起手式，就是先讓自己不開心，接下來便使用自己的不開心為武器，勒索對方。莫名其妙地，對方就變成似乎有責任，要想辦法討好她。

我聽著她說的故事，偶爾替對方感覺不平，但更常覺得，她也很可憐，只會這套，重複把自己關在情緒的籠子裡。很多人家裡的長輩也有類似的策略，其實也不是很奇怪，就像她家裡的長輩一樣。

如果她在面對對方之前，先放鬆，多看看自己

使用的劇本。然後，把心情準備好，不一定都能開開心心去面對對方，但起碼擔負起處理自己情緒的責任，先讓自己自在平靜，有話好好說，關係會比較容易往幸福的路上走。

她其實都知道，只是不想試試看，或者怕難，從來不願開始去做。要她靜靜坐著十分鐘，不看電腦、不滑手機、不吃東西，她就想睡覺。所以，她就是被自己的情緒牽著走，即便不舒服，但她還是用已經習慣了的方式去生活。

最近我跟家長談到類似的話題，面對孩子的第一時間，我們給出了什麼？我們能不能覺察，我們是不是自然而然地傳達了對孩子這個人的喜愛？有位家長的回答讓我感覺很有希望。

她說：「我都會先整理我的心情！」

是啊！這是多重要的事！我們給出什麼，我們往往會得到什麼，特別是情緒。

我們很難對一個緊張兮兮、情緒滿脹的人，卸下自己的武裝，通常那是一種危險的訊號。因此，如果我們想愛一個人，要對方減少防衛，那麼我們自己在心裡堆積的雜亂無章，要先整理乾淨。然後才有輕鬆的氣氛，讓彼此的情緒自在流動。

有些人，情緒不起伏，他好像沒辦法生活。既然開心比較難，那麼有負面情緒也不錯，好像也讓自己有存在感，所以讓自己不斷沉浸在負能量裡面，反正最後怪別人就好，一切都是別人的錯。寧可被討厭，而沒有承擔自己情緒的勇氣。

有時候帶著這樣的狀態，也能進入關係，關係裡面的新氣息，讓人誤以為不用調整自己也沒問題，交給對方就可以。偶爾會遇到神通廣大的對方，幫助自己輕鬆一點療癒，不過，大部分就是拖著對方下水，一起沉浸在負能量裡。

最近一位阿嬤也告訴我：「不是每個人都想帶自己的孫子！」

也對，關係裡面的愛，並不是理所當然。很多時候，當事人不懂得怎麼讓自己活得開心，貿貿然去開啟另一段關係，常惹了一些莫名其妙的情緒回來。以為自己愛一個人，其實一直在自己心裡打轉，還奇怪怎麼愛得這麼不愉快?!

像孫悟空一個筋斗十萬八千里，就算經過許多歲月，其實還在如來佛手裡。把我們壓在五指山下的，就是我們自己。即便練成火眼金睛，還是先把自己看清，比較實在。

想盡心去愛，所以先靜心再去愛。心靜不下來，就沒辦法發現，我們其實一直在原地打轉。

感謝各位讀者與網路上的朋友一直以來的支持，我現在每出一本書，就當成最後一本。盡心去寫，靜心去體會，在這個過程中，我非常感恩，能相互陪伴到現在。用這本書，跟您分享！

專心過生活，
有知有覺地感受。

CHAPTER 3 觀照・關係

CHAPTER 4

無論如何試著愛

CONTENTS

CHAPTER 1

盡心・靜心去愛

靜心到底是怎麼樣的狀態

年輕人很好奇，心靜下來有什麼好？

他說，他的生活，就是要追求快樂與成功。為什麼要像老人那樣過生活？應該是非常無聊吧！

我說，他的年紀，這樣想也無可厚非。人生經驗多累積一點，把可以走的路都走過一遍之後，把心靜下來會比較甘願。

不過，他聽我這麼說，好像不太甘願。他還是想知道，靜心是什麼？

我說，其實，那可以擴大成一種生活態度來看。

該吃的時候吃，身體受到滋養，充分體驗食物的味道，不會食不知味。該睡的時候睡，睡醒的時候，身心舒暢，精神飽足。走路的時候看路，比較不會撞到東西，保護自己的安全……

專心過生活，有知有覺地感受。

然後，節制物慾，學習感恩。行程安排得簡單一點，多留些空檔。可以靜坐，可以運動，可以閱讀，可以記錄我們的心情……

我跟他說，如果他願意嘗試，他會發現，快樂就在身邊。專心把事情一件一件做好，至少成功不會太遠。這種生活，身心比較健康，要追求什麼，都更有些基礎。

不過，在這種狀態裡面，快樂不是重點。悲苦也好，那都是來來去去的感受。

他倒是回答得很直接，聽起來真的很無聊。他寧可去打電動，靜坐、記錄心情……這些，真是浪費生命。

也好，年輕人可以有多點不同的答案。有些事，不用多說，體驗過就會懂。

感恩讓我們心平靜

有一次，跟一位朋友聊，他對某位家人很不滿。我希望他試著感恩，能寫下來更好，這講法讓他不太高興。

他說：「恕我冒犯，要聽這種陳腔濫調，我在廟裡面找善書來看就好了，幹嘛找你講？」

我說：「你有做過嗎？」

他說：「沒有啊！這想都知道，一定沒有效的啊！這根本解決不了問題！」

我沒多說什麼，畢竟他的情緒很滿，當時也不太可能好好聽他傾訴。由於我的工作，碰到我的人

常對我有很高的期望，最好隨口講一講，頓時心靈淨化，什麼都不用做，情緒就能改善。希望這一小小段互動，他別太生氣才好，小事不需要氣成這樣。

「感恩」這個態度，就如同他的反應，常聽到，但不常被使用。常聽到，就覺得簡單，然後，很常把自己困住的負面思考就會出現，「這一定沒有效」、「這太難了」……

連做都還沒做，或是已經有先入為主的觀念，然後應付一下，草率地做，印證自己最初的想法，果然沒效。用種種想法綑綁自己，不邁開腳步是要怎麼前進？

我們對人對事，會有抱怨不滿。有一個常見的歷程，就是別人對我們做的、對我們好的事，我們視為理所當然，忽略不去管它。我們慢慢只看我們沒有的、不順利的、不如願的，或者別人錯的、不客氣的、不理想的地方。一個人逐漸養成這樣的態度，心情怎麼好得起來？

感恩，是要把被我們忽略的人事物，重新撿回來，放在我們的意識裡，好好看一看。正面的、負面的，大的、小的，如意的、不如意的……只要觀照得到，我們就歡迎它們過來，跟我們同在。

然後，我們觀照到的部分，越全面，就越接近現實。一個人的了解與期待，能越接近現實，就越有機會接受現實，心也就更有可能平靜。

感恩，不是傻裡傻氣地自我催眠著，硬要自己產生正向的感受。那得要有現實為基礎，才不至於虛幻墜落。

早上起床要刷牙，卻沒有牙膏，家裡也沒有備用品。但我們可以感恩，至少牙刷還能用，這樣也可以刷牙漱口，也有清潔牙齒的作用，出門記得買牙膏。而不是牙刷一丟，一氣之下就不刷了，一天從壞心情開始。

感恩本身就能讓心靜，那是行動的基礎，在看清楚現有資源的情況下，做出合理的判斷與努力。這個過程，不一定能一下子完全解決問題，但起碼一點一點往前進。

當時沒幫到他什麼，我花時間把當時沒講的話，寫下來，起碼他有機會看到。等下次再見到他，也許我們有機會聊得多一點、深一點。

心能靜，就會發現，其實努力可以有很多方向。山重水複疑無路，柳暗花明又一村。

只是活得很疲憊

他說：「其實也不會不快樂，就是覺得很累！」

他說這句話的當下，我就想到男性相對習慣壓抑情緒，說不定真的不快樂也不說。就算他的情緒很穩定，但是累就是一種徵兆，起碼很多新鮮事都沒力氣去做了，那就不用說什麼成長了。每天用這樣的狀態過同樣的生活，遲早情緒會「發出聲音」，說不定會「強迫」他休息。

我提醒他去做健康檢查，果然，他一副沒有必要的態度。幾乎快半年都提不起勁，雖然工作照做、生活照過，可是恐怕在婚姻與親子這兩種很親密的關係上，其實已經有些變化，只是他自己看不出來。

聊著聊著，突然想到要確認他的想法，也不出所料，他心裡有那種「成功就是每天要很忙碌」的價值觀。我跟他說，所謂忙碌，可能是忙得充實有意義，也可能是瞎忙一場啊！

再聊，發現他的娛樂，就是看電視購物買東西。我的天啊！這種方式常常是增加自己的壓力，不但傷財，東西買回來還要找地方堆，減少自己活動的空間，最後沒用到還要傷腦筋丟掉，就算真的有用，有些東西還要再花錢維護。

儘管沒什麼不良嗜好，但是有的人不知道為什麼，就是過得很有壓力，常常要往價值觀去追。細細檢視他抱持的價值觀，常可以發現端倪。

關於成功與物質，他所抱持的這兩個價值觀，導致自己疲憊不堪，其實是很常見的現象。當然，生理的原因需要先排除，或者先試著改善。因為有些人有跟他相像的價值觀，但身體功能強健，人生也順遂，不見得會過得像他這麼疲累。

此外，談得不夠深，所以有些跟人生、人際相關的事沒談。也許半年前，發生了一些事，突然感覺失去了意義，這也很像他現在的狀態。

我是請他試著用減法過生活，看購物頻道買東西這種習慣，可以停止就先停止。工作與生活的部分，都可以用80／20的比例來檢視，有沒有哪些百分之二十的事，可以「暫時」不去做，也不會有什麼大影響。或者，有沒有哪些百分之二十的事要先做，可以達到百分之八十的效果。簡單來說，就是抓住重點工作與生活，追求完美的那種想法，傾盡所有時間要把事情做到最好的美德，可以「暫時」先放下。

我強調「暫時」，是因為當事人常常會直接想成是不是以後這一輩子都要這樣，這種思考方式，又增加了自己的壓力。也許用一個禮拜，也許半個月、一個月的時限，先換一種想法來面對自己周遭的人事物，然後觀察自己的變化。

省下來的時間，慢慢吃、好好睡、多多動，抓住空檔就靜心，注意肌肉與呼吸。我還是再提了一次健康檢查，肝不會說話，把肝操到爆了，老闆也不一定會加薪。

我們心裡的價值觀，平常不會特別去想它，但主宰了我們許多層面的生活。生活過得順的時候，大部分人更是不會去想這些，常要等到處在逆境當中，才會知道它的重要。其實，在順境的時候，我們的能量最強，調整起來也容易一點，平常就讓自己在心態上健康一點，當大浪來的時候，才不會一下子跌倒爬不起來。

對痛苦很厭煩

朋友對我說：「我真的對痛苦很厭煩了！」

聽她講話時，我不小心投入了情緒，也感受到那煩躁。她就是喜歡誇大負面的事，用敵意去解釋他人可能是中性的言語，幾乎毫無證據卻又言之鑿鑿地說公婆不喜歡她，把什麼事都想成跟自己有關……

我處理了自己的煩躁，悠悠長長地呼吸，瞬間又覺得她可憐。她不喜歡自己的樣子，又走不出她自己寫就的悲劇，然後她又不想承認，或者過於懼怕面對，這一切不過就是她內心幻化的造就。

平靜是一種選擇，不是被動等待就能發生。我們人的注意力在哪裡，意識就活在那裡，我們的人生就在那裡隨著大方向擺動前進。

心智可以訓練，當我們看著痛苦在前面，那麼快樂就在後面，反之亦然。樂觀的人可以練習悲觀，悲觀的人可以練習樂觀。

然而，過於執著快樂、痛苦的分別，長久來說我們還是會覺得累。讓快樂痛苦前前後後交替著，不自我拘泥地全面觀照著，一種深層的靜定便在其中。快樂痛苦相依，又像兩忘。

能斷開過去與未來的，便是當下此刻。「此刻我們『正在』講述我們的痛苦」，當下位移，遠觀而不把我們自己套到問題裡，平靜便有機會滋長。

那時，痛苦是痛苦，我們是我們。它離我們近，但我們不抱緊它，由它自在，這便是一種接納，我們也隨之獲得自在。

各位朋友，接納痛苦，接納自己，體驗平靜自在，如此展開新的一天。

我擔心你就是愛你

她每次回娘家，就要面對她媽重複的嘮叨，而且還帶著干涉，那是她回娘家最大的壓力，往娘家的路上就感覺腳有千斤重。這次又跟她媽吵架，她媽說了一句話：「我擔心你就是愛你，你不懂嗎？」

她自己也是當媽的人，覺得媽媽講得好像沒錯，可是，又總是感覺不舒服。想找我聊幾句，搞清楚。

我說，這是很常見的迷思與合理化的方式。擔心不等於愛，這放在其他功利一點的關係，可以看得更清楚。像是，老闆擔心我們業績不好，一直干涉我們的做事方式，這是愛嗎？

愛本身包含不少正面的情感，可是擔心又干涉，那常給人壓力。如果今天男女朋友談戀愛，互動過程中，不管哪一方一直只表現出擔心，又干涉對方的生活，我不知道這段關係可以持續多久？

我反問，通常老人家最被擔心的，就是健康問題。我問她，她有這方面的擔心且干涉嗎？

她說，她跟她媽說過，叫她去運動，做健康檢查。她媽很不喜歡聽這些話，有時候還說：「死了就算了，檢查反而知道一大堆毛病，活著也痛苦！」

所以啊，她的擔心就不是愛，她媽媽的擔心就是愛，這是什麼道理？不照顧自己的健康，就很可能給晚輩負擔，為什麼她不多積極面對自己的健康，選擇逃避？真的愛晚輩，就更要照顧自己的健康，不是嗎？

常管別人的人，很不喜歡被別人管，這是十分常見的現象。管別人，不等於愛別人。如果「管」變成「尊重」，少了干涉，多了關懷，讓人感受到溫暖，這會比較接近愛。

愛一個人，會怕失去，所以擔心，這很自然。可是，懂得愛自己，愛起家人親

友來，才能給人更多的空間與自在，而不是無所不在的壓迫感。

我再繼續請教她，請問她媽媽這樣擔心、干涉，對她的生活有幫助嗎？

她回答，沒有啊，反而造成大家常吵架。

我說，對啊，愛一個人，怎麼會是要讓對方持續受到我們的負面影響呢？

她說，她媽媽還怪她，都是她不聽話，所以害得她到老時一身毛病。她媽媽這句話，讓她很有罪惡感。

哇……直接把老化常見的身體狀況，全都怪到晚輩身上，這招很經典。我換個方式說，請問她如果聽話，她媽媽的身體毛病就會不見嗎？不管是十年以前，還是現在開始聽話？

她說，應該不會吧！就算她十年前開始，假設事事都聽她媽媽的話，她媽媽還是有很多事可以擔心跟生氣，像是她爸爸、她弟弟，還有她奶奶，也就是他媽媽的婆婆……

我說，所以她剛好是所有人裡面最願意聽她媽媽講的人，她媽媽就把所有情緒的責任放在她身上。好像她沒讓她媽媽開心，就是罪人。最孝順的人，反而最常接受指控，這不知道是什麼邏輯？

我們沒辦法繼續聊，只好講到這裡就說再見了。

有個想法我想請她參考——先放棄做一個媽媽眼中的好女兒吧，這太難了，太單向了。把另一個人的情緒都一起承受著過生活，很不容易。這一關過不了，她反而沒辦法用輕鬆的態度面對她媽媽。有空多看看書，把一些陳舊的迷思理清楚，別被它們纏繞著綁住了。

擔心對方，不代表我們愛著對方，因為愛常包含正向的感受。如果傳達不出正向的感受，擔心、干涉又沒有用。那麼，我們很可能只是繞個彎，要對方幫我們承擔情緒而已。

有時候，過度為別人擔心，是一種逃避。像是不想面對自己的健康問題，所以轉移注意力。

有時候是，不會處理自己的情緒，巧妙地藉著要對方順著我們的意，來回頭安撫我們的情緒。這種情況下，通常雙方都過得不會太如意。

真的愛別人，還是要從愛自己開始。

要把人做好，靜心不能少

孩子大了，講起話來常常直接到讓媽媽受不了。她跟我說，前幾天母女兩人都講了難聽話，最後她罰了女兒不准拿自己的零用錢去換新手機。後來她知道自己不太對，因為她們吵的事，跟換不換手機沒有太大關係，她只是自己不好過，也不想讓女兒好過而已。

她自己一邊在講的時候，就逐漸明白了。後來女兒來找她，讓她看手機裡的有趣影片，那是女兒在示好，這是女兒現階段覺得能讓媽媽開心的事。但是她坦承她拉不下臉來，又教訓了孩子一頓，要都已經近視的女兒別那麼常看手機，女兒則因此悻悻然走了，這幾天的互動都很冷淡。

女兒在找台階下，她則堅持站在樓梯上。現在大家都卡住下不來，是誰造成的呀?!

這局面是她想要的嗎？何況雙方都有錯，當媽媽的人反而更沒辦法就事論事，現在是誰比較像小孩？

我跟她關係夠好，也猜測她能承受，所以還沒給予足夠的同理，就接連給她幾個有些冒犯的問句。換作是一般家長，我會先多往情緒走，小心維護彼此的感受，只是這樣會比較慢進入問題的核心，然後互動一多，也可能不小心失焦了。

她說，情緒來了怎麼忍得住？聖人也會發脾氣吧！

我問她，我之前跟她講過，感覺到情緒起來的時候，可以從呼吸與放鬆下手，離開現場也可以，她是否曾試著做做看？

她吐了吐舌頭，顯然沒有試。更進一步問，平常也沒練習。

我跟她說，希望她能注意呼吸、放鬆肌肉，不是要她修道成仙。而是把人做好，靜心不能少。

心靜下來了，如果想要修復關係，那就先從孩子想和好的動機來回應，要孩子別看手機的事，之後有的是時間討論。動機與行為，可以分開來回應，這點很重要。譬如，可以這麼說：

「謝謝妳來找我，還讓我看有趣的影片。不好意思，我剛剛也生氣了，講了氣話，莫名其妙地處罰了妳！」

自己覺得有錯，誠心道歉，才能重新展開深層的連結。

先照顧好心情，再來談事情。跟孩子有好關係，才能跟孩子分析：到底是孩子的哪一句話，會引起媽媽的情緒？還可以怎麼說會比較好？以後雙方怎麼互相配合可以減少類似的摩擦？

像現在這樣，母女有一搭沒一搭的互動，這些後續的討論，都不用了。還會不斷累積彼此的嫌惡，小事可能變大事，讓往後更難修補。更別說，大人帶頭這樣做，孩子以後通常更不想認錯，互動會更往維護自尊而不是修復關係的角度來思考。

也不是非得要這麼快跟孩子和好，當然可以有些彈性。不過，要清楚知道這樣消耗彼此的關係是為了什麼？有沒有什麼教育性？還是只是想賭氣？那要賭氣到什麼時候？非得要等到孩子磕頭認錯嗎？那自己胡亂使用權威的部分，要不要面對？還是想要就這麼拖過去，當作沒事就算了？

把自尊維護得固若金湯，然後呢？換到了什麼？誰能保證，在深刻的關係裡，誰都永遠不會受傷？

我認識一位朋友，吵完架之後，總是用各種手段，逼得先生先低頭。先生示好，她就像逮到機會一樣，再狠狠踩他幾下，氣消了才會給他好臉色看。她覺得平常講不贏他，這是她能不被看輕的辦法。有時候，她也把孩子拖了下水，我身為她的後輩，沒立場說什麼，我只能祝福她，將來婚姻幸福美滿，還有請她多為孩子著想。

心不靜，常自己盲衝亂撞地種了因，又不想承受那個結果。自己抓住自己的腳，又怪別人把他絆倒。

關係裡的衝突本質，不見得都解得開。示好並不容易，需要珍惜。那可能鼓起勇氣表達了自己的善意，卻又冒著自尊受傷的風險。一個人願意先低下頭，有時候不代表他錯，而是他更珍惜這段關係。

大丈夫能屈能伸，圓融的關係，可以進，也可以退。進的時候，照顧到對方的感受。但是退的時候，不委屈求全，不失去自我地討好，這樣就好。不是人一退，什麼都要棄守，而是讓出了一個轉圜的空間，確保關係有更長遠的未來。

心足夠沉靜，就能體會到，對方的每句話，不是都得跟我們的自尊綁在一起。也不是踩踏了他人的自尊，就能提升我們的自尊，這是虛妄假象。通常是有好的關係，那麼關係中的雙方，更容易對自己有好的看法。

心靜不下來，就算自己犯了跟他人無關的錯，也更不容易原諒自己，這就把生命給卡住了。

快樂只是副產物

有人說，快樂只是認真過生活的副產物，是我們在運動、學習、充足睡眠、健康飲食、建立關係、嘗試新事物……等，會出現的現象。

這點，我非常同意，所以把快樂本身作為目標追求，可能沒抓到重點。而且就情緒來說，有快樂就難免有痛苦，相依相生。無悲無喜的平靜，也是一種選項。我們要追求的，很可能不是快樂！

換個方式來說，認真過生活，不見得會快樂。快樂的人，也不見得認真過生活。有時候，會擔心、感覺挫折，也是認真過生活會有的現象。

認真過生活，經常可以想成專注當下。專注於當下的努力，短時間內的小成就能立即回饋，我們即得到欣慰。小成就累積成大成就，於是我們感覺充實，有掌控感。

所以一個健康的生活態度，成了習慣，快樂、挫折、生氣、悲傷、平靜……都會在這個過程中出現。只是在頻率上，相對於不健康的生活態度，快樂、平靜會多一點，負面情緒的起伏，大概會少一點、小一點。

因此，整體生活方式所帶

來的，包括過程與結果，都要被我們考慮在內。結果很重要，但不宜太執著，結果只是下一個階段的開始，不過就是一個過程。所以，當下的情緒，跟未來可能的情緒，都可以一起思考。

當下讓我們自己開心一點，比較容易一點。至於開心的比重，不見得一定要很多，有就好了，日子能過就好了。很多開心，最後也會變得沒那麼開心，開心的效果被稀釋，開心開始不被珍惜，我們開始習慣了開心，它就變得平淡了，這我們也知道，只是常忘掉。

我喜歡講追求意義，那長久一點。我們的生活能跟我們的價值觀貼合，那我們就不那麼怕辛苦，雖苦不難。

要多聽情緒說話，但是它不是生活中的唯一，不必然我們整個人要被它牽著鼻子走。

事實還需要我們的詮釋

最近天冷，我沒那麼喜歡太冷的溫度，因為我容易痛風。但有一個好處，比較不想外出，少花了一些錢。這是在壞處之中找好處。

我教孩子們一些能幫助思考更有彈性的練習。同一個事件，盡可能想出幾種不同的想法。想法越多，通常我們有機會越平靜，因為鬆動了執著。

還有一種方式，是從結果倒推想回來。譬如，像剛剛是在壞處之中找好處；也可以在憤恨之中，找出讓我們值得感恩的地方；在難過之中，找出快樂的所在；在經歷了一番痛苦之後，想想我們到底得到了什麼……

像是最近有個孩子感冒發燒在家，他就覺得不用面對期末考，真是賺到了。還有一位媽媽雖然離開了婚姻，但跟孩子們過了一個平靜的耶誕節，未來有更多希望。一位爸爸因為沒辦法見到孩子，為思念所苦的他卻有了自己的時間，用來減輕工作壓力，多補充一點睡眠。

這實在不是阿Q，而是一種彈性思考的能力。禍福相倚，這是〈塞翁失馬〉告訴我們的道理，可是我們常當成故事聽一聽就過去，不見得真的拿來改善生活。要培養自己的大腦更靈活，把我們的情感拿來細細端詳把玩，找出新的可能性，或許，也會找出一個新的意義。

有個經典的故事。一位老翁喪偶，痛不欲生。治療師問他，那如果是他先過世，他的配偶還活著，會有什麼不同嗎？

老翁想了想，他寧可自己承受配偶過世的痛苦，還能夠照顧臨終前的她，而不願意把他的配偶留下，獨自面對寂寞。就這樣，跳脫了慣性的思考，老翁便有了改變的可能性。治療師便繼續問，那麼，他之所以留在這個世界上，還有沒有什麼事，是要連他配偶的份一起完成？

老翁便找到了活著的意義，希望在他過世之前，把一些事完成。這也讓我想到電影「天外奇蹟」裡的爺爺，生活因為一個新的角度而轉動。

也就是，真真實實地發生了一件事，但這件事到底帶給了我們什麼，某部分還是要經過我們的詮釋。各位朋友，思考更有彈性，遇到困難幫自己增加多一點轉機。

連無聊都沒辦法好好處理

在電視節目裡面，看到一位爸爸在帶孩子的過程。他似乎靜不太下來，要不然就是講冷笑話，然後孩子常不知道怎麼回應。要不然就是硬要孩子有反應，就開始逗小孩、嚇小孩，孩子害怕或者哭泣之後，自己再去安撫孩子，然後滿意地笑著。

結果在不同的片段，爸爸獨自面對製作單位訪問的時候，說出類似「其實孩子很容易感覺到害怕，讓我很困擾！」這樣的話。這個……ㄟ……部分的困擾不就是這位爸爸自己造成的嗎？爸爸在平常跟孩子互動的時候，就在逐漸培養孩子遇事害怕的習慣，不是嗎？

看得出來，這位爸爸不夠敏感，內省不足，才會常想要搞笑，但抓不到孩子的笑點。但是他又沒辦法處理自己內在的無聊或躁動，只好藉由負面的方式來引起孩子的反應，孩子找他尋求安慰，於是他感覺溫暖。很有可能，他根本就藉由這個過程覺得自己是個好爸爸，跟孩子的互動很正向。自覺不夠的家長，常有這種判斷失準的現象。

我想到一位正在空巢期的媽媽，也曾跟我描述過她先生有類似的狀況。她先生也是停不太下來，總是要找點事來做，像個喜歡調皮搗蛋的孩子，一把年紀了還長不大。可是，他很不知道節制，所以孩子小的時候，常被他搞得氣呼呼的，本來安安靜靜就可以過的生活，被他弄得雞飛狗跳。有時候，他因為整到了孩子而洋洋得意。有時候，孩子反擊的力道過大，他就很生氣。

現在，孩子大了，到外地念書，他也不可能整孩子、逗孩子了。因為加入Line群組，常常一個人在滑手機，一整天在家講不到幾句話。但是她要出去，聽演講、找朋友，先生又有意見，好像她都不照顧他，故意冷落他一樣。

她的結論就是，跟這種人相處實在很困難。對啊，連無聊都沒辦法好好處理，連獨處都不會的人，要相處起來會比較困難。因為他沒辦法跟自己好好相處，這個情緒壓力就會帶到對方身上，用各種方式要對方幫忙消化。

那可以怎麼做呢？

用最簡單的方式講，就是懂得把心靜下來。譬如說，有時候為了等待，我會靜靜地坐著，調整坐姿、注意呼吸、放鬆肌肉。偶爾心很靜的時候，就會有時間快速流逝的感覺。

或者，我就只是觀察孩子，感覺他的情緒、專心聽他的聲音、想想他說的話……。我練習很多年了，所以會專注地進入那種靜觀自得的狀態。如果家長也能夠這樣練習，會比較清楚孩子心裡在想什麼。

或者，抓空檔時間來看看書也好，拉拉筋、做伸展、走一走也好。久坐造成不少健康問題，光是消除肌肉痠痛，就能讓身心輕鬆一點。

不是非得做什麼，非得把生活的每分每秒填滿，才感覺有在過生活。也不是跟人互動的時候，一定要清楚地感受到他人的感覺，或者接收到他人的反應，才能消除自己在關係中的緊張。我們自己內在不緊張，關係就會少一分焦躁。

心不靜，常會讓自己瞎忙。

講清楚說明白，心靜自然來

跟孩子常有衝突，她實在是非戰之罪。我猜主要原因之一，是她的講話的方式與聲音。又尖、又急、又高，說實在話，連我都聽不太下去，很容易讓人煩躁。

急的部分比較能改善，就是去養成習慣，當自己說話的時候，注意自己講話的聲音。有時候一個人說話急，是因為有滿腔的想法要講，一句還沒講完，就想著要講下一句。

連說話都沒辦法好好講，有時候是一股情緒哽在心裡，要藉著說話宣洩。用這種方式說話，就容易嘮叨、碎念、瑣碎，為了講而講，怕對方沒聽到，重複一遍又一遍。沒辦法簡明扼要，忘了說話的重點，原本是要清楚地傳達我們自己的想法與心情，反倒在對方還沒聽清楚之前，先引起對方的情緒反應，減低了溝通的效果。

講清楚、說明白，心靜自然來。

說話的時候，用全副的心力注意對方的反應，就容易被對方的情緒牽動。然後，反射性的情緒與言語，又開始自動化地運作，本來在冷靜的時候，想了不少點要說，結果該講的話沒有講完整，又說了很多不必要的話。

溝通的過程中，特別是自己有情緒的時候，就要拿一部分注意力回來，敏銳察覺自己內在的變化。自己一邊說，一邊注意自己說出口的話，不用急著想下一句，踏踏實實先處理完一個念頭。

有時候想法飛馳，說話跟不上自己的想法，自己講到哪裡都不知道，有沒有適當回應對方的話也不清楚。說不定，靜下來的時候，連自己到底說了什麼，從哪個點開始，雙方吵了起來，都不知道?!

用最自然的方式說話就好，聲音的高低、尖細，也許跟天生有關。但是說話的態度可以改變，會影響聲音的質地，柔軟一點、輕鬆一點，就比較能被人接受。

說話要有重點、節奏，雖然跟家人互動，不是要當業務銷售，可是，基本的功夫也要做到。說過很多遍的事，家人提醒了，就要收。自己的情緒收不起來，要學著自己調整，而不是一直強迫別人聽。

痛苦就站在愛的旁邊

不少朋友在痛苦的時候，寧可自己沒有情緒。沒有情緒，也意味著沒有痛苦。

其實，當我們邀請「愛」與我們同在，痛苦就有機會一起進來。想愛，常常就因此怕失去，怕付出去的感情，落空無依。

愛孩子就怕他受傷，愛著父母就希望他們健康。愛著另一半，就捨不得他勞累困頓。

痛苦就站在愛的旁邊，情感被喚起，要求只留下正面情緒，而把負面情緒驅離，這本來就不符人性。我們硬要做不符人性的事，那麼通常痛苦會留下，提醒我們，別把這個道理忘記。

沒有情緒好嗎？也許，有另一個類似的問題是，我們從此不再付出愛，好嗎？

剛剛在情愛關係中受挫，想找個對象再愛一次，自然擔心受怕。那，愛自己呢？願意再給自己一次有體驗正面情緒的機會嗎？這個選項很難拒絕吧！

讓我們這麼說，如果我們不在痛苦之中，在一般無風無雨的狀態下，大部分的人，會願意選擇付出愛，然後承受難以避免的痛苦。畢竟，這樣的人生精采多了、有意義多了，這也比較合乎人性。

關懷與恐懼，讓人類度過了蠻荒時期，活了下來。這兩者都重要，也不好分開。要情緒消失，那麼可能放棄了部分的生存能力。

所以，要讓情感流動，別執著。月有陰晴圓缺，每天都是滿月，日久也就不覺得有那麼美。

痛苦的時候，去感覺自己的肌肉，哪裡比較緊繃？用手輕輕地按摩，告訴這個部位的肌肉，「謝謝你跟我一起承受！」

還好心能靜下來

他一來就說，他發現，練習呼吸與放鬆，好像真的有用。他覺得壓力很大，久坐辦公室，又是在相對密閉的空間裡，很不舒服。

如果一個人感覺壓力大，又久坐，肌肉緊繃、痠痛是常事。所以雖然我不是肌肉方面的專家，不過，一些基本常識還是有。上網查圖片，跟他討論了正確的坐姿，講了一些簡單的調息方法，使用短暫的放鬆，加上伸展運動，請他練習。

他說，不只是上班時間有了一些轉換心情的方法，開始有一點點不同的感覺，連來找我之前，他騎著摩托車時突然發現，騎摩托車的時候，可能心裡總是急著到目的地，剛剛才意識到，他即使等紅燈的時候，也沒有好好坐，彎著腰、聳著肩，全身肌肉僵硬著。

身體沒放鬆，心裡也難放鬆。相反地，心裡急，身體要如何放鬆？

我說，所謂心裡急，就可能是一直活在未來，不在當下。想著等一下要趕快做什麼，沒在意好好面對眼前的這一分這一秒。心不在焉，連意外的可能性都比較高，身體的狀況也覺察得沒那麼清楚。

最近認識一位朋友，因為要主辦一場活動，感覺講話過快，非常緊繃。我提醒她，偶爾要讓自己靜下來，感覺一下身體的訊號，調整一下步調。結果，她最近寫信給我，活動結束以後，她真的病了一個禮拜。

我跟他講，身體會僵硬，心理也會沒彈性。我舉例，剛剛有幾個小朋友來上課，一進教室，突然大雨。

某位小朋友說：「還好，我們已經進到室內了！」

我鼓勵小朋友的正向眼光，然後藉機問：「那如果我現在要你們開始有『擔心』的心情，現在下大雨了，你們怎麼想，才會有『擔心』的心情？」

「萬一，等一下下課如果還是下雨怎麼辦？」

「萬一，等一下沒辦法去吃冰了該怎麼辦？」

……

我讚賞他們的反應，然後，跟他們練習「還好……」、「萬一……」，這一正負的句型。把他們最近遇到的幾件事，都拿來重新解讀一下。

我們不一定只能有正向的眼光，而是這個社會已經常有負向解讀的傾向了，所以要往另一個方向練習。有正向、有負向，那就會比較全面，在心理上比較有彈性。

一件事常有兩個面，大部分的父母並不知道，培養正向眼光的重要。尤其在我們目前所處的環境裡，父母自己可能都常用負面的角度在看待人事物，又怎麼能教會孩子，使用比較全面的眼光呢？

思考有彈性，情緒就有活路。平常沒練習，遭遇打擊再抱佛腳，不見得來得及。

我對他說，還好，他的心能靜下來，暫時好像進到了新世界，感覺身心的變化新奇有趣。可是，萬一，新鮮感退去了，他持續練習的動機消失了，一切就可能恢復原樣了。

他說，那他向耶誕老公公發誓，以後沒練習，就拿不到耶誕禮物，這樣可以了吧?!

我也笑著一起耍冷說，我想到了，耶誕老公公常常坐雪橇往全世界送禮物，不知道有沒有注意坐姿？肌肉會不會僵硬？工作壓力會不會太大？他以後想到耶誕老公公，或許可以想到我這番話，這樣可以加深他的印象，也更有動機練習！

靜心瓶製作

曾經被問到，小朋友可以靜心嗎？當然可以！目前相關的研究越來越清楚，靜心也能對孩子有幫助。印象中我看過某位心理師的書，甚至應用在幼兒園的孩子身上，也能看到效果。

靜心的方式很多，我自己是注意呼吸、伸展肌肉、靜坐、走路，或者藉由飲食、閱讀等方式。以前的人說，寫書法字能養性，或者我曾經看過茶道的影片，都可以融入靜心的元素。所以，靜心是一種態度，用這種態度可以用來面對生活的許多層面。

對孩子來說，最好還是要有趣，能DIY是更好，不要太難。譬如以靜心瓶來說，可以讓孩子自己製作，然後看起來很漂亮，我自己也很喜歡。只可惜攝影技術不佳，沒辦法把亮片跟金蔥粉在瓶子中緩緩落下的絢麗拍得很清楚。

這不是我的創意，我查到國外不少影片、不少人，都在製作類似的東西。我也實際讓孩子試過，孩子確實能專心地看。

應用的時機是想讓孩子靜下來的時候，像是情緒過於激動，或者當時需要短暫等待。我想到一位老人家曾經跟我說，他每天回家看水族箱裡的魚游來游去半小時到一小時，可以放鬆。我想，不一定是靜心瓶，每個人可以找到屬於自己能靜下來的方式來進行。像沙漏也不錯，還有紀念品店常出現的水晶球，也滿好的。

有些人則是拿來當處罰，或者叫做暫時停止（time out），國內有些人會叫做冷靜椅（犯錯、不聽話，就到冷靜椅冷靜一下，再繼續談）。小朋友坐著無聊，會坐不住，所以可以有靜心瓶輔助，比較坐得住。不過，提醒各位朋友，暫時停止的時間，還是控制在短時間（像是五分鐘）以內會比較好，久了、習慣了，不見得會有暫時停止原本預期的效果。

我不是當成處罰，純粹是想開發幫助孩子把心靜下來的方法，這只是方式之一。我平常主要是跟孩子談，很少使用道具，善用同理與澄清，然後利用我的冷靜，幫助孩子冷靜。或者帶著孩子出去走走、動一動，也能幫助孩子平靜。

有些人會在等待靜心瓶呈現靜止狀態之前，加一些指導語。像是說到我們大腦中的雜念，就像瓶子中的粉末一樣，盤旋飛舞，我們一樣可以用一些方式，讓這些想法沉澱。然後順便放鬆肌肉，或者體驗呼吸等等。

這次我特別請來好朋友 Miluku 老師來幫忙。感謝她，也祝福各位朋友，平靜安心！

＊製作靜心瓶影片網址：
https://www.facebook.com/redbeaniceteacher/videos/1360947120588261/

靜不下來，從放鬆下手

有時候靜不下來，直接從放鬆下手。像是情緒焦躁或興奮的時候，或者剛吃飽、洗完澡比較不適合靜坐，有時候單純就是注意力的狀況不太好，可以試試看簡單的運動。

我有兩個常做的緩和運動，走路跟伸展。有時候做完之後坐下來，身心舒暢，能更放鬆。

以走路來說，步調緩慢，速度與步伐盡可能一致，我首重感覺身體重心的移動。如果當時的精神狀況還可以，記得腳步輕提輕放，把注意力放在身體肌肉的變化。

走路時雙腳稍微打開，接近與肩同寬，重心會比較穩。眼睛放鬆，眼睛周邊的肌肉也放鬆，看著前方，但不一定要聚焦在某一物體上。

雙手自然擺動，不見得要去感覺它。如果有念頭升起，不執著，重新把注意力回到身體的重心移動，以及肌肉的變化。

走路的時候，如果要加快速度也可以。記得重心穩健，速度與步幅盡可能一致，注意安全，心裡盡可能減少「急」的感覺，保持一定的放鬆。

走累了，就坐，不勉強，以舒適為主。坐不住，就起來走一走。身體在移動，心沉靜。

我的工作常久坐，有時腰痠背疼、胸悶氣鬱，中間休息時間，我會開始伸展。參考的影片是法鼓山八式動禪立姿兒童版，總長13分20秒，比較適合在空檔進行。更棒的是，大人小孩都可以做，我最小試到大班，也做得到。在網路上能找得到影片。

我的功夫不到家，沒完全按照影片做，速度稍有調整，動作稍有變化。有時候一天做四次，有時一、兩次。痛風的時候，如果不嚴重，我還是會做。如果嚴重，也只好停止。

我發現，這個伸展運動，能幫助我減緩腰痠背疼的狀況，也能提升專注，身心平靜，呼吸自然。早上當早操做也有醒腦的效果。各位朋友做的時候，就是感覺輕鬆舒適為主，一直感覺不到放鬆也沒關係，運動有很多種，不需要勉強。

運動是外在的表現，心法比較重要，邊做邊放鬆，想法與情緒升起是常有的事，不執著就好。

我做伸展的時候，有時候會有些身心反應，像是打呵欠、流眼淚，指尖麻麻的。平常做事的時候，想法飛馳，頭昏腦脹的。做運動的時候，偶爾狀況好，覺得自己好像遺世獨立了，世界只剩下動作，開始感覺到「空」，空得很充實。

＊法鼓八式動禪 一到四式 .wmv

https://www.youtube.com/watch?v=KkbQd_w2vgc

＊法鼓八式動禪 五到八式 _1.wmv

https://www.youtube.com/watch?v=twRt_dcrlhM

CHAPTER 2

不執著

正向/負向思考

無力感升起的時候

大概是因為我的工作的關係，偶爾會被問到：「會不會有無力感？有無力感的時候，怎麼辦？」

會啊！經常會碰到有無力感的狀況。因為常跟孩子們相處，所以對於一般人覺得稀鬆平常的不當教養，特別有感覺。像是最近看到一位阿嬤，對孫子胡亂發脾氣，聽起來跟孫子本身沒有太大的關係，由於孫子的年紀小，決定不了什麼事，大部分應該還是大人要負責任。

反正阿嬤就是「牽拖」到孫子身上，罵孫子罵到他哭。然後，阿嬤又跟旁邊的人合理化自己的遷怒。最後，還對孫子洗腦，說自己都是為他好，其實阿嬤不是在生氣，是在教他，阿嬤不會騙他……

我已經長這麼大了，至少呈現在我面前的部分我能明白，阿嬤就是找孫子發洩情緒而已。可是，又畏懼他人的眼光，想要保持自己的形象，用扭曲、謊言，來美化與掩飾自己情緒控管不佳的事實。

可是，孩子還小，他要什麼時候才會知道，自己這個時候被罵跟他的關係不大，他只是個出氣筒？也會很天真地想，為什麼阿嬤年紀那麼大了，還不知道自己的情緒要自己處理，不要讓那麼小的孩子莫名其妙地替她承擔？

然後又會想到，現在時代不同了，阿嬤這一套合理化自己行為的說詞，這一套我們代代相傳的教養公式，能用到什麼時候呢？等孫子大了，懂事了，也許把大人的情緒往內吞，也許開始反擊，這時候，又會有不同的困境陸續出現！

這種「小事」，大部分的人，知道了也就過了，不會有太多的情緒。然而，我卻有淡淡的悲傷，還有似乎已經見怪不怪的無奈。偶爾在過於認真的時候，無力感會湧上來，什麼時候，我們大人才能建設好自己，給孩子一個健康成長的心理空間？

常常也會有朋友說，其實，我們上一代也是在這種環境下長大的，以前本來就沒什麼兒童人權的概念。我可以理解，但是不太能諒解。

我其實碰到不少阿公、阿嬤，重新在學怎麼跟兒孫互動，說實話，這種狀況會讓我很感動。即使年紀大，還是有成長的空間。可是，現實上也不是只有年紀大的人會有不當對待孩子的狀況，新聞裡面，少數年輕的父母一樣會有兒虐的舉動。

孩子會長大，會影響我們未來的社會，形塑整個社會的風氣。原來對孩子亂發脾氣，就是在教他，那以後孩子長大了，對長輩、對孩子亂發脾氣，就是為了大家好嗎？

然後，這樣對待孩子，讓孩子的感覺錯亂，感覺自己常造成大人的麻煩，感覺自己再怎麼努力，也沒辦法讓大人不生氣（因為大人生氣，不見得跟孩子有關，大人說不定只是把情緒壓力轉嫁給不懂得抗辯的孩子罷了）。那麼，孩子的情緒怎麼會穩定？

我有無力感的時候，會回到生活中療癒，試著把步調放慢一點、試著更放鬆。寫寫文章、看看書、散步走一走，然後想想看，我還能做什麼？大部分時候，其實也想不出個答案來，那就是專注當下，把當下該完成的事，一點一點地完成。畢

竟，把現在過好，才更有能量去承擔過去與未來的煩惱憂愁。

有時候，負面的情緒會牽動負面的記憶，會想起很多跟不當教養有關所造成的悲劇與困境，剪不斷理還亂。可是，我會靜靜地等待，讓情緒升起，讓情緒緩緩地沉澱，不勉強自己用過熱的大腦，去做超過負荷的事。

我也許是個沒什麼影響力的人，不管我怎麼大聲嚷嚷，我就是能看到有人不把尊重孩子當一回事。我也沒辦法讓他們知道，現在他們這樣對待孩子，以後他們對自己也不會太有利。

細細想來，我最能影響的，其實只有我自己。幫不了別人，就讓自己平靜，這樣比較貼近事實，往這個方向努力，無力感也漸漸消退了一些。

你可以有幾種想法

跟小朋友做大腦練習，同一個事件，要盡可能想出多種想法，自然便產生了多種情緒。連小朋友都可以想出許多種，但是年紀越大，想法的數量就可能越限縮。關於這點，大人常不見得比小孩自由。

同一件事，我們可以有幾種想法呢？

如果我們常固定只有一種想法，然後又投入了大量的情緒，那叫執著。有執著在，不需要碰到問題才會有痛苦，因為執著本身就可能是個問題。

執著為什麼可能是個問題？

因為看事情的角度可以有很多種，到達目的地的路徑也不見得僅限於一條路。如果是跟人有關的事，那常會有別人想的跟我們預期的，是不一樣的狀況。所以，我們固定只抱著一種想法，很容易走不通。而且，更累人的是，我們的情緒讓我們膠著著，又走不掉。

如果我們常固定只有一種想法，但這種想法我們明知並非事實、明知對自己有害還甩不開，這叫偏執。在偏執中的人更辛苦，那像是困在大腦中的地獄一樣。遇到事情，可以有多種想法，可以幫助我們，把心靜下來。我們在這種狀態裡，情緒不沾黏，保持彈性與可能性，不預設立場，不以偏見視人。

這是一種能力，但需要練習。小朋友練習，像在玩，因為這對他們來說很自然。但是對大人來說，很困難，說不定只覺得是在浪費時間。

要不然，我們來打賭：我猜，執著或偏執所浪費的時間，會遠遠多於大腦練習所浪費的時間！

我們不需要別人當公正第三人，我們用良心去判斷。賭輸的人，要做一件讓自己開心的事，怎麼樣，敢不敢跟我賭啊？

你有多久沒找人聊過心底話

年輕人說，她爸在親戚家的時候，把自己講得像「教育之神」，在親戚面前對她說，「如果我有錯，妳不用怕告訴我！」結果，一回家就破功，根本就是講假的。

因為本來就約好要在美術社先停一下，讓她下去買學校要用的東西。她問她老爸，為什麼說話不算話？

她老爸說，車子很難停，要她自己去買。她很生氣講好的事又變卦，語氣很強硬地要她老爸道歉，她老爸也不甘示弱，拿出萬用經典語句，「妳

這什麼態度，跟妳爸講話可以這樣嗎？」

「你自己不是說，你有錯要跟你說嗎？」她很不服氣。

「那妳也不可以這樣啊，以後都自己去買，不要叫我幫妳！」她爸很有效地回擊，又再加重力道。然後就不了了之，對於他爽約的部分，絕口不提。

年輕人告訴我的時候，還說又被騙一次了，上次不想跟她老爸講話，好像也是類似的事，說話不算話。她說，活在這個家裡面，好像被統治的階級一樣，不能生氣、不能反抗，被騙就是被統治階級的命賤。

我覺得她說話有點過頭了，不過，做家長的說話不算話這件事，確實該給孩子一個交代，不能常這樣呼攏過去。以後沒有信任關係，孩子有事也不會找家長講。

不過，我覺得她還好，還有我可以講，有同學可以講。像男生，有些進入青春期，遇到這種狀況就是很悶，男同學之間比較少講這種話題，有時候真的不知道該怎麼開口。在我們的文化裡，男性還是不太能示弱，傷心、害怕、擔憂……這種比較被定義為「軟弱」的情緒，表現得太明顯，容易遭受無情的訕笑。

我想到有一次搭乘貓空纜車，一位阿嬤硬是被阿公拉上了水晶車廂。我看她很害怕的樣子，找她聊天，想分散她的注意力。阿公就是傳統的台灣男性，一直講這有什麼好怕，哪裡哪裡的纜車更高、更可怕，還不斷對阿嬤發出冷笑，好像她這樣實在很膽小。

這位阿嬤的情緒，沒被尊重到，她明明是被硬拉上來的，對我表達她的害怕，還會被阿公嗤之以鼻。這其實是個具體而微的縮影，在家庭或家族裡面，常常是有權力的人才被容許表達情緒。

這種文化，女性很辛苦，男性也受害。男性也會有情緒困擾，也會憂愁恐慌，但是如果表達出來，常會被講成「抗壓性不夠」。當我們自己不幸罹患心理疾病，就會知道很多強烈情緒的產生，不是我們願意的，產生了就是產生了。

以前我在醫院的時候，偶爾就會碰到躲躲藏藏的媽媽，不敢讓自己的先生知道自己帶孩子來醫院。太太表達自己的擔憂，就會被先生罵：「不要想太多！」

尤其有了孩子之後，社交圈變得很狹窄，有些媽媽話匣子一開，真的停不太下來。有些媽媽很明顯，明明主訴是親子，卻偏偏一直要跟我談婚姻、婆媳、原生家庭。我感覺很深刻，大概是憋太久了吧！

或許，有些先生不是不想聽而已，根本就是「不允許」其他家庭成員有情緒。

還好現在社群網站發達，不過，好像又變成了另一種極端。把自己的配偶公開地罵得十惡不赦，形象掃地，我其實也不是那麼贊同，對關係修復很不利。

我相信，還是有不少人，不管是哪種性別、哪個年齡層，他們的心底話沒人可以講。或者是不知道該怎麼講，或者是真的相信自己的情緒不應該，所以噤聲不語。

各位朋友，您有多久心底話沒辦法跟利益無關的人講？憋著憋著真的會悶壞，沒人討論，事情跟心情都可能想不清楚。現在免費或便宜的資源不少，張老師、社區心理衛生中心，都能幫上一點忙。

真的都不想找人講，那坊間有些日記書可以用，也可以幫自己一點忙，可以練練覺察與紓壓。

如果您常有機會跟無關利益的人聊聊自己的心情，請珍惜。這種社會支持，非常寶貴，讓我們心情有些緩衝，不至於被一擊就墜落。

每日溫習的負面思考

最近某日我正在看書，有位朋友靜靜地坐下來。我看到他，跟他分享我很享受正在看的這本書，譯者的文筆功力很不錯。他聽完之後，便開始了他常做的事——批評與抱怨。他在批評某人翻譯的書如何之差，錯誤一大堆，負評很多，但書卻賣得很好……

他講得很投入，旁徵博引，還要用手機查google給我看。等到他講完離開後，我探查自己的內心，覺察到多了些煩躁，一時靜不下心來再回到書中的世界。於是我把書放一邊，好好地想，除了煩躁，我還能不能在他身上學到什麼？

後來想到之後，啞然失笑，心境就開闊了。他正為了工作，要準備去考英文檢定，如果他把進行負面思考所花的時間與精力，拿來背英文，我猜大概會考得不錯。

其實，也不能完全怪他，因為他批評與抱怨的時候，相當認真，好像完全沒有注意到時間的流逝，好像覺察不到不管是把這些時間拿來運動，或者把該做的事做完，就可以減少自己很多壓力。他可能以為批評與抱怨可以紓壓，這有部分是正確的，適當地發洩情緒確實有益身心健康。可是他投入了過多的時間，連生活都賠進去了，反而增加自己的壓力。他所散發的負面能量，還可能引來更多壓力。

我想到一位年輕人，她跟我說過一段話：「我每天都在想，這樣做會有什麼不好，那樣做會有什麼壞處！」

哇……每天溫習負面思考的次數，說不定還比複習功課多。那麼，負面思考就會越練越熟悉，只要有事情出現，再正面她都有辦法往負面去看。如果比賽負面思考，她說不定很輕易就能進入前三強。

年輕人就是因為想太多，所以很多事都不敢做，動彈不得又不滿意現狀。她媽媽更有趣，我跟她媽媽提醒要多鼓勵她。結果，她媽媽回應我的方式，先是讓我充滿著困惑——

「有啊！我就跟她說，誰誰誰很出名，可是負面新聞很多。誰誰誰賺很多錢，他還不是做過很多壞事……」然後再把焦點轉向她的某些同學與親戚，一個一個數落他們的缺點。

我很疑惑地說：「這跟鼓勵她有什麼關係?!」

她媽媽理所當然地說：「當然有關係啊！這些比她差的人都可以成功了，或者考上好學校，憑什麼她就做不到？」

我聽懂之後，忍不住笑了出來。所以，她媽媽是把檯面上知名的人物，或者身邊的親朋好友先罵一頓，再來反襯她女兒這個人相對來說好多了，所以會成功。這樣的邏輯，她媽媽把它拿來當成是一種鼓勵。我是真心覺得這樣很有創意，原來，也可以都不用提到女兒的優點，只要證明其他人都很差，就可以凸顯女兒的好了。

這樣看來，她媽媽往負面去的能力，也不輸給女兒。如果她媽媽用這種方式鼓勵她，無疑是提著油桶去救火。儘管思考的內容不同，但是先從負面看，把負面的部分放大的方式，母女兩人在本質上是非常類似的。

負面思考還有個壞處，會忽略好事的發生。或者，過去曾有過的美好回憶，會被負面思考稀釋得比較淡，甚至想不起來。後來才知道，我觀察到的這個現象，也曾被研究證實過。

最近我看到一本書，講到一個快樂的人，正面情緒相對於負面情緒的出現，大概是三比一左右。我覺得現實生活中，能做到一比一，就算是少數了。更何況，我認識的人（通常是成人），常常是負面遠多於正面。只是大部分人不像我這樣，會刻意練習去標定正負向思考，所以常常沒有自覺。

基本上，練習正向思考會有比較多的正向情緒。練習正向思考，有點類似背英文、準備考試一樣，就是要練習去想，多重複幾次，提醒自己從正向的角度去看待人事物。我還是再強調，只有正向思考是不行的，但是只有負向思考，讓人真的很難生活。

所以，我很感恩這些朋友，常用自己作為活教材，時時提醒我，要注意我自己的心靈成長。偶爾就把腦中的想法拿來分類，負面太多，就想一點正面的出來平衡一下。正面的部分太多，過度樂觀也會讓判斷失準，就問自己有沒有負面的可能。思考的可能性變多，平靜的時間也常跟著比較多。

空虛不只是一時的情緒

她說，孩子出生照顧到現在，開始感覺有點空虛。孩子不算難帶，她自己的睡眠還可以，只是心頭悶悶的。她想跟我討論，又覺得其實可以自己處理。

我說，空虛不只是一時的情緒，通常比較像是一種狀態，或是一種心境。空虛，跟平常生活的方式脫離不了關係，不是突然冒出來的事。

有些人，完全不在意心理層面的事，情緒啦、關係啦……好像永遠不會是他關注的範圍，好像值得關注的只有物質。另外一方面，也是我們的教育實在太不重視這個部分了。所以對於某些心理層面的變化，我們並不了解，也沒警覺。

空虛感，在某些理論的想法，會傾向用意義感的失落解釋。也就是不知道每天重複這樣生活，到底是為什麼？

有點像為了做而做，習慣了所以這樣做，好像人家說該做就做。自己沒想過，或許也不見得認同，生活過得像行屍走肉，體驗不深刻，好像只是在表面上匆匆走過。

她說，我剛剛的講法，每個字都說中了她的心聲，好像都曾經在她心理螢幕的邊邊，像跑馬燈那樣走過去。其實，她客觀上知道她很幸福，可是主觀上卻慢慢感覺不到，開始好像跟自己、跟整個家庭格格不入。

我跟她說，我很冒犯地猜測她其實也很敏感，可是又要自己不要想太多，是不是這樣？要不然，為什麼她的描述那麼精準，可是她竟然不知道要試著求救，或者是早一點試著回應她的空虛？如果不是那麼恰巧的緣分，跟她有閒聊的機會，她要什麼時候才能知道，現在這個時刻，她就正站在分岔路口?!

即使她現在的負面情緒並不多，但是空虛的狀態一直存在，她就會開始不知道為什麼而活。她有說到「悶」，那會很像「煩躁」，將來煩躁出現的比例有可能越來越高。還有可能累積成「恐慌」、「生氣」，或者是「憂鬱」，就會像朋友一樣，越來越喜歡找她拜訪。本來只是她自己內在的東西，然後她會誤以為是從關係中產生、是由於對方而產生，心裡更是不平靜，又不知道原因。

我跟她說，暫時停止，不是只有用在吵架的時候。人生到了某個階段，我們心態的調整落後很多的時候，就需要暫時停止，把自己要的東西，跟目前的生活之間的落差，想個清楚。

我沒打算探問她太多隱私，也沒那樣的信任關係與時間。不過，我建議她，孩子偶爾讓家人帶，增加自己獨處的時間，看看自己想看的書，出去走走、運動，找一下以前常聯絡的朋友……藉著這樣做，有機會慢慢能想清楚，這段時間的空虛是為什麼？

她說，本來她覺得，照顧孩子對她不難，都做得到，就不想麻煩別人。現在我這麼說，她願意嘗試看看。

一個人即便生活平順，也可以感覺空虛，這並不衝突，並不是吃飽太閒，或者過太爽，更不需要有罪惡感。有時候，只是我們不喜歡現在的生活，沒什麼對錯。

好好面對它，也好好面對自己，自己不知道該怎麼活，又蒙著眼繼續走，通常是走向死胡同，再親的人也很難幫得了什麼。

為什麼在我這邊都是不好的

「為什麼人家的孩子都很好，為什麼在我這邊都是不好的……」

她講到了關鍵字，我的雷達就啟動了。在咖啡館裡，孩子坐在媽媽旁邊，好像在訂正考卷的錯誤。媽媽似乎教到情緒上來了，開始說教。

「你還會打我罵我，人家的孩子都很乖，為什麼你跟你哥哥就是這麼不聽話？」

這種全盤否定式的說法，通常是一種氣話。可是，孩子不見得會分辨，所以不管是不是氣話，說出口就很難不傷到人。

孩子感覺很無辜：「我天生就是這樣，也不是我自願的，是妳把我生成這樣的耶！」

孩子講得也有某種程度的道理，不過，這種流利的回應，感覺起來好像不是第一次說了。華人文化裡的孩子們通常在為自己抗辯時，不管有沒有道理，大部分會被認為是不好的事。

「你還敢頂嘴，花錢讓你讀書就是讓你學這些嗎？考試有這麼厲害就好了……」

果然，媽媽就是按照劇本演，回到態度層面去挑剔，然後想辦法引起孩子的愧疚。其目的，一般來說就是希望孩子閉嘴，好好聽大人說教（其實是要先讓大人暢快地發洩完情緒再說）。這種互動的方式，孩子講得再有道理，也會被迫站在弱勢。

我沒聽完，拿著咖啡走了。邊走邊想，媽媽否定了孩子，其實也是把自己否定了。

不知道媽媽平常懂不懂得肯定孩子？不知道媽媽知不知道，要看到孩子的好，媽媽自己要先培養起正向的眼光？不知道媽媽能不能理解，教孩子很需要耐心，耐心需要培養，而不是情緒一起來就先把孩子罵一頓再說？

把發脾氣，跟說一些否定孩子的話的時間，拿來教孩子，其實更能幫助孩子，也幫助自己。

當情緒上來的時候，先找個理由離開一下現場，像是去上廁所。然後想一想，今天肯定過孩子了沒？如果沒有，試著做做看！

我們自己的孩子，沒有我們想像的那麼糟。別人的孩子，也不一定那麼好。有陽光常有陰影，但是別讓我們的孩子只活在陰影裡，用正向的話，讓孩子偶爾也曬曬太陽，也讓我們自己曬曬太陽。

接納從寬，抗拒從嚴

朋友跟我討論，「事件」是不是一定要經過「想法」的詮釋，才會有相應的「情緒」。像是感冒這件事，有些孩子可能會想到不能吃糖而不高興，有些孩子可能想到不用上學所以高興。

這是我從研究所以來跟教授討論，常放在心裡的問題。我猜，或許有些事件，從生理層次挑戰，想法影響情緒的程度會稍微小一點。像是過大的聲響、身體持續失溫……要經過想法的詮釋，能反轉成高興大概比較困難。

所以，有些情緒能受到轉念的影響，有些情緒則直接跟事件本身比較有關。不過，在心理治療的領域，「轉念」已經是很好用的概念了。

我自己的說法，是針對同一事件，多學一些不同的想法，不用局限在一種或少數幾種。那麼，視野比較宏觀，情緒的擺盪也不會過於劇烈。這個動作，可以視為預防，平常就可以做，不需要在情緒被逼到死胡同裡，才想帶著情緒穿牆而過，很累又效果不佳。

後來朋友接著我的話，跟我聊了「接納」的概念，單純就情緒的層次談。如果有各種情緒出現，那麼，接納自己的情緒，對自己有什麼幫助？

我用臨時想到的兩個詞來舉例，「純粹的負面情緒」與「加乘的負面情緒」。假設，「純粹的負面情緒」是「害怕」自己失去一段關係。即使我覺得我現在的狀況還不錯，我也會有這樣的害怕，這樣的害怕不完全是壞事，它教導我要珍惜與經營。

可是，如果我把這個害怕，視為一個事件，又開始去產生各種想法的延伸，那會給自己造成額外的壓力。

像是對於自己害怕失去關係，產生了「讓人家知道我有負面情緒就不好了」的想法，也許會更焦慮，也許會因此更害怕。或者是，想成「害怕是一種軟弱的表現」，就可能對自己生氣。或者是，認為「我對關係盡心盡力，還是會害怕失去」，這也許讓人傷心……

這些對情緒的詮釋所產生的情緒，我稱之為「加乘的負面情緒」。這些負面情緒，放大了「純粹的負面情緒」，常常造成我們無謂的壓力，讓我們進行無效的抵抗，或者耗費許多心神去壓抑，然後影響了生活。接納從寬，抗拒從嚴。

很明顯，對情緒的詮釋跟教育的過程有關。所以，當孩子有情緒的時候，我們只要同理就好，命名並把情緒跟事件連在一起，「妳很害怕不借他玩具，他就不跟妳做好朋友了，是這樣嗎？」

如果我們跟孩子說，「這有什麼好害怕的」，暗示這種情緒不應該。如果我們說，「誰想跟會害怕的人做朋友」，也許就會讓孩子害怕自己的害怕……

接納「純粹的負面情緒」，讓它自然自在。用這樣的概念，在進行情緒教育的時候，就可以幫到一些人。

如果是我們自己，要幫助已經長大的自己。可以在有情緒出現的時候，記錄我們對自己的情緒如何評論，覺察我們自己加在情緒上的想法，把心靜下來。如果這樣的紛飛想法讓自己心亂，學著使用呼吸放鬆，或者做伸展運動，或者漫步行走，讓自己在想法上的延伸，像浮雲一樣飄盪自在。

體驗眾多想法浮現的燥熱，也享受它們遠走的寧靜。

不是不怕被人罵

他因為我被罵，而感到不平。我跟他說，想做事的人，不是不怕被人罵，是還有比怕被人罵更重要的事得去做。尤其我的工作，面對各式各樣的人，又直接透過臉書面對社會大眾，怎麼可能都不被罵？

我目前修養還不夠，現在還做不到被罵之後都沒有情緒波動。不過，說實在話，被罵得有建設性，找到我在邏輯上的盲點，其實我還會感覺像上了一課那樣，還會有些感恩。願意承受之後不會只有痛苦，這是我的成長，誰也拿不走。

這時代，誰不被罵呢？

以前我自己常會說，只有不做事的人才不會被罵。後來有朋友提醒我，不做事的人也會被罵，要看這個人處在什麼環境裡，有時候不做事還被罵得更慘。

反正都會被罵，那就活出自己想要的樣子吧！

所以相對困難的地方，是把自己的注意力多放在我們所做的事，對我們、對他人有什麼意義。情緒能冷靜是先決條件。因為情緒不冷靜，我們常沒有足夠的心力引導我們的注意力，會任由反射性情緒牽引。冷靜也可以幫助我們注意自己的方向有沒有走偏，可以相對快一點調整過來。

我不特別堅強，也不是多有勇氣，只是習慣冷靜。冷靜也是一種力量，可以把路走得遠一點，這我一直相當認同。

有時候，只靠我們自己真的力量不夠。所以在平常就親近能一起成長的朋友其實很重要，他們在關鍵的時候常會拉我們一把。

別忽視鼓勵的力量，我有一次在很低潮的時候，某位同事的一句鼓勵，真的對我產生很大的效果，我一直很感謝她。對她來說，這或許是她很稀鬆平常的互動方式，甚至只是一種社交（她其實還滿會講類似的話，也滿常對不同的人說），可是，在那個時候，對我就是根浮木，不管她是不是出自真心。

所以，各位朋友，做善事說簡單也不簡單，說難也不難。善用我們說出口的言語，就能助人，在適當的時機，那會是強大的力量，我是以被幫助者的角色來說這段話。

我在很久以前，寫過一段話，拿出來跟各位朋友一起思考：「我常碰到想要把人罵醒的人！以我的經驗來說，通常，把人罵倒的多，但真的把人罵醒的少。我的工作，是要把人扶起來，我讓我自己夠強壯，扶的人就可以更多！」

一個家庭能運作，一間公司能存活，通常靠的是願意做事的人，而不是罵人的人。相反來說，常常罵人的人，可能做得不多（因為時間被罵人給佔掉不少），不過，常吹噓自己有多少貢獻，要博取他人肯定與認同的行為，倒是不少。

期待我們一起相互攙扶，面對這個責備明顯多過鼓勵的環境！

不敢為自己高興

孩子彈鋼琴，獲得滿堂彩。媽媽說，她都睜大了眼睛，好像很開心大家為她鼓掌。

但是，我實際問孩子的心情，孩子只回答：「還好！」

「難道，妳這麼努力練習，有好表現，大家給妳掌聲，妳都沒有一點點高興嗎？」我有些疑惑。

她小聲地回答：「有一點點啦！」

我聽出了些什麼，我說：「妳是不是害怕講自己高興？」

她說：「對啊！」

我看著她，想著這個孩子也長大了。如果是上課的前半年，說不定就是「還好」兩字回答到底，模模糊糊地抓不到自己的情緒，沒有這麼複雜的覺察。我跟孩子討論，我們的文化裡，常會在高興之後跟著害怕的情緒。她聽得津津有味，跟我一問一答起來。她現在儼然是個小小心理學家，對於人性、對於自己也相當好奇。

媽媽也參與了討論，詢問我為什麼。我回應：「在我們的傳統文化裡，不希望為自己的成就高興，好像這樣就會讓一個人怠惰，從此不思改進。所以大人常盡可能不給孩子肯定，好還要更好，又所謂精益求精，永不止息，不能絲毫鬆懈。甚至壓抑高興的情緒，像是『樂極生悲』、『勝不驕，敗不餒』，都是可以在這種情境使用的成語。」

彷彿，高興是罪惡一樣，難聽一點的，會被說成「臭屁」、「囂張」。所以，要盡可能表現得謙虛，最好還要貶損一下自己的成就，「還好啦！」、「這沒什麼！」，以此避免讓他人有不好的感受。

連高興都不允許純粹，一定要加點害怕或自貶，才符合傳統文化的理想要求。從我的角度來說，不但減損了將來努力的動力，對於自我覺察，也有負面效果。

進一步來說，對於情緒困擾的孩子來說，連自己努力得來的高興，都搞得好像罪惡一樣，那生活到底還有什麼樂趣？

我不是怪家長，這是整體文化下的產物。家長倒是很支持與鼓勵孩子，但我們習慣的對白與孩子的周遭氣氛，會很自然而然地傳達文化中的價值觀。

為自己的成就而高興，跟驕傲之間，好像距離非常短。

對我來說，自己的情緒不用否認，高興就是高興，這實在沒什麼不對。表達高興只要適當，也不需要被壓抑。重點是，怎麼樣的表達會讓他人不高興，這點要跟孩子討論。

然後，也同時跟孩子教育，對某些人來說，不管你怎麼表達，他看到你有較為優越的表現，都還是會不高興，那叫嫉妒，或者立場不同。這樣的人，再怎麼討好，也常是枉然。

我甚至會直接跟孩子這樣說：「你這麼努力，連很累都不放棄，我覺得你很值得為自己驕傲！」

跟自己比，為自己驕傲，我覺得此時的「驕傲」，似乎不需要受到道德譴責。然後，我們大人能夠衷心地替孩子的高興而高興，不必因此而進行一場說教，這樣大家都輕鬆一點。

純粹的高興，是多麼珍貴的禮物。我想還給孩子，您呢？

用許多痛苦去換來的快樂

很多朋友喜歡談，人生的目的在追求快樂。可是，我常發現，那種快樂常比想像中的短暫，而且常要用許多痛苦來換。

我相信，快樂有很多層次，對我來說，到最後能夠走到「歲月靜好」這種境界，平靜地過日子，踏實心安，就是很好的狀態了。可是，我看到不少朋友定義的快樂，其實是一種往外求的快樂——把快樂交給別人或機遇來決定。

像是我認識一位朋友，喜歡買名牌包。那麼，買到自己喜歡的名牌包很快樂，出去被人注意、羨慕很快樂，可是，包包被刮到、買貴了、撞包了、又出更新款了……就開始不開心了，而且，購買名牌包的代價，就是自己要花許多時間辛勞工作。

我認識另一位朋友，閒暇就一定要轉開電視。然後，看重播無數次，也看了無數次的電影或節目，看到自己喜歡的節目能停下來看一段時間，但大部分時間，電視的聲音就只是背景聲音。這位朋友在追求的快樂，其實是相對能吸引他的節目，但是持續時間真是很短暫，說不定花在轉台的時間還更多。

我一般也祝人「周末愉快」、「生日快樂」，這是社交用語，其實我心裡真正的意思，會比較接近平靜。可是，平淡、平靜，對大多數的朋友來說，對這個社會的主流論述來說，真是一點也不吸引人。

我很重視運動與閱讀的習慣，這是我平靜過生活的兩個重要活動。運動除了能讓身體健康之外，我最主要是期待的是放鬆的效果。閱讀能保持大腦活化，不斷學習，我常能看書看到入神，暫時忘掉很多煩惱。

以我最近來說，我欣賞了湯姆・漢克斯主演的「間諜橋」，感覺相當精彩。進一步去看了《間諜橋上的陌生人》原著小說，由於內容涉及法庭攻防，並不是我熟悉的領域，不過，當我用超過十個小時看完之後，心裡非常充實，好像又閱讀了一位律師的某一段精彩人生。

我自己看書，我也帶著孩子看書。最近跟孩子看了一系列的故事與繪本，內容主角都是孩子喜歡的動物。像是《找找看，麋鹿在哪裡？》、《企鵝可以騎腳踏車嗎？》……說實在話，八本書，讓我跟孩子兩天的生活像飛得一樣，不知不覺時間就過了。

平靜是一種習慣，要由內而外。我們自己過得平靜，示範、教導孩子怎麼過得平靜。把快樂的層次分開來，不陷溺在短暫而炫目的快樂裡，注意到隱藏在快樂背後的痛苦。那麼，日子自然過得輕鬆一點，而不會不由自主地被苦樂交替的循環推著走。

冷靜與冷戰的不同

他覺得，他跟他太太互動的時候，都很冷靜。可是，他太太說他在冷戰，他問我，到底冷靜和冷戰有什麼不同？

冷靜，主要是在情緒層面，面對大小事，大致上都可以用這種態度面對，我很鼓勵。冷戰，雖然氣氛「冷」，表面上很平靜，事實上內在有一股氣，常有私底下互相傷害的動作，所以有另外的說法，叫做「冷暴力」。

如果雙方在冷戰，那就會有議題卡住，無法討論。然後從現在往未來看過去，如果這樣的情勢沒改變，關係將來會只剩空殼，或者破裂。

冷戰，其實是在消耗彼此情緒。遇到事情講不清楚，雙方保持距離，剛開始也許是冷靜，可是，如果發現負面情緒越累積越多，那就侵蝕關係本質了。

我問他，那到底是冷靜還是冷戰？

他笑一笑說，他也不是很清楚，如果是冷戰，那怎麼辦？

我猜，他不想讓我知道太多，所以他簡單問，我簡單答。我說，我最怕傷到孩子，所以盡可能避免把孩子牽扯進來，像是叫孩子傳話，或者問孩子比較愛爸爸還是比較愛媽媽的問題，如果是愛對方，就對孩子生氣……

然後，分手、離婚不要隨便講，沒人先示好，情緒不容易自己化開。還有，不用那麼在意面子，裡子先照顧好，比較實在。

他感謝我之後，就跟我說了再見，我則惶恐不安。做人的道理很難，但在實務上操作起來更是不容易，像這種強烈情緒的事，男生很少找人談，自己也不見得能處理好。很多太太在抱怨先生的時候，其實我感覺先生們很孤單，女性比較會找人講，有些男性就是只會胡亂兇一頓，自己心裡真的在想什麼，一輩子也不見得有其他人知道。

真心希望，他是真冷靜，而不是在冷戰！

我的努力沒被看見

他講了一個微妙的心理轉折，他本來算是景仰他的主管，主管邏輯清晰、工作認真。沒想到，他有一次開了天窗，主管開會要的資料，他來不及弄完，從此就被盯上了，好像錯了一次，從此就被定型一樣。

主管常會特別「注意」他，就怕他再延誤一次，他對主管的態度，從景仰變成討厭。他覺得自己已經很努力，但是努力沒被看見，想獲得主管認同，可是又要自己死了這條心，卻又隱隱然渴望著，很矛盾與糾結。

一般男性，願意這麼坦承分析自己的內在脆弱面，很不容易。不過，這有助於他認識自己，早一點主動調適情緒，而不是被迫適應，這個面對自己的態度不錯。

我跟他提，他的狀況，換個主管、調個部門，就可能會改變。可是，一個渴望被父母認同的子女，又一直得不到那種失落，讓再多努力與成就，都沾上了一點空虛。

說實在話，父母、主管，或者是其他的家人、朋友，沒有誰「一定」得如我們的願，給我們鼓勵與肯定。就算講到父母，我們會以為父母該給自己的孩子正面的注意，可是我們上一代的教養方式，否定遠遠多於肯定，這是常態。

什麼都要如我們的願，其實也有點奇怪。

追本溯源，他人的否定，或者沒有肯定，是挑戰了我們對自己的設定——我們是好的，值得被愛的，努力一定會有收穫的……。我們因為對自我形象的設定跟現實不同，跟環境的回饋不同，所以隨之產生了負面的情緒。

像我最近看卡通，裡面充滿了「我一定可以贏的」、「我相信你爸爸知道，一定會很高興的」……等，這種過度正面的話語。雖然看卡通不用計較太多，可是，如果是我認識的一個朋友，他的口頭禪就是：「誰說的？」

是誰說一定可以贏？通常贏的人少，輸的人多啊！是誰說爸爸一定會高興？只要不是我們自己，我們很難設定對方的情緒反應。就算是我們自己，我們的情緒反應也不見得都如我們原先的預期。

可是，這些卡通裡面傳達的價值觀，慢慢形成了我們的一部分，或者說是我們設定自我形象的依據。仔細檢視，這些依據不符事實，但如果因此形成的設定，離事實越遠，我們就越容易在痛苦之中。

我不是要說：人不是好的，人是不值得被愛的，或是努力沒有收穫。而是，我們用我們的角度去看人，去設想眼前突然出現了一個陌生人，我們就是用他的行為去評定他，他是不是好的、他值不值得被愛，他的努力會不會有收穫……這還經過了我們「主觀」的詮釋。

我們覺得自己是好的，不一定覺得對方是好的。我們覺得自己值得被愛，不一定覺得對方值得被愛。我們覺得我們努力要有收穫，要被看見，至於對方的努力，那就不一定了，還要看對方努力的方向對不對，有時候當時的場合也不一定需要這麼努力，過頭了也不好。

換個角度來看便能明白，我們也不是都從正面去看待對方。那為什麼，對方得

要從正面看我們？

在職場上，就是「八仙過海，各憑本事」。每個人的努力都不同，有些人也許做事不認真，但是就特別會巴結主管，那也是他的努力。

讓我們多一個想法，其實所謂的「我」，可以多一點彈性。不是要否定我們自己，而是我們可以容許自己被他人否定。就像是，對方真的要以一次性的錯誤，來定義我們，我們也沒辦法。

其實一個人，像鑽石一樣可以有很多面。我們也有不少陰暗面，我們的自我保護，被別人認為是惡言惡行，也很有可能。我執少一點，煩惱少一點。

平常少給自己下標籤，也少給人下標籤。給自己多一點可能性，每次聽到自己對自己說，「我不是這樣的人」，請以多一種方式來想，「為什麼對方覺得我們是這樣的人？」

偶爾站在對方的角度，幫他找理由。從遠處來看自己，有時候比較看得清。

多一種認識自己的方法，會發現，自己可以成為很多種人。至於他人對我們，也可以有很多評價，就一切隨他……

不停留在負向思考

朋友跟我談，他想要「控制」他的想法，變成正向思考。這個部分只要多練習，會看到一些成效，能改善心情，增進一點做事的效率，產生更良好的關係。

可是，他提到的另一個概念，我就有不同的看法。他說，要「消滅」負向思考。這樣想，他可能忽略了負向思考也會有其建設性，包括因此自我保護。

我跟他提，如果有機會，可以參考全景式的思考。也就是百花齊放，各種想法都不排斥，不預設立場，不迎不拒。

我用我不久前碰到的經驗為例。我走在巷口，遇到一位老先生正開著車要迴轉，可能年紀大、反應慢，大大小小要來往的車都被他堵住了。我是行人，一樣要等著他老人家慢慢調整方向盤，前前後後地移動。

第一時間，我腦中便浮現了一個想法，「他不會開車！」跟著這個想法而來的情緒，是煩躁。煩躁，又激起了其他的想法，像是「幹嘛在巷口迴轉，大家都要乾等他」、「老人開車很危險，最近一些車禍的新聞跟老人開車有關」……

但是，因為我經常練習覺察，其他的想法陸續浮現，包括「等我老了也會這樣吧」、「他現在可能有點慌張」、「沒人按喇叭，還不錯」、「會不會他這個年紀，這種反應算不錯了」、「不知道是要去哪裡玩」……順著這些想法，則出現了同情、敬佩、感恩、疑惑……等等情緒。

我沒有執著在某種想法、某種情緒，而是盡可能多元與全面地觀照這件事，引發我的內在變化。這些想法與情緒，像雲朵一樣飄到我心裡，也很快飄向遠方，不沾黏。

重點是，我沒有試圖控制什麼，只是任它們來去。我一樣形成了記憶，我在必要的時候，像是跟朋友分享舉例，我就可以拿出來解析與說明，這時候才真正做了「控制」的動作。

如果我的內在有多種想法，我就不會只局限在事情的某個部分。如果我的內在有多種情緒，也不會有哪種情緒特別強烈，把我綁住。

換個方式說，不是要「消滅」負向思考，比較像是「不停留」在負向思考。同理，也不需要非得停留在負向情緒之中，除非有必要，像是有時候藝術家，要藉此創作。

等老人家終於迴轉成功，順利駛離，這件事便逐漸淡出了我的意識範圍。我的注意力很快回到身體的移動，前方的視野，雙耳的聽覺，以及心裡相應外境而生的細微變化。如此，能保護我盡可能不發生碰撞，也能更有效率地到達目的地，也許想到一些我忘掉的事情。

我跟朋友分享，我的修養還不到家，這件事本身是小事，本來就沒那麼難面對。如果我碰到對我個人來說有重大意義的事，我也能如此全面且安然，那我會再跟他分享。

他覺得有意思，這是一種活在當下的態度，既專注又輕鬆。他也知道相關的方法，只是一直沒好好試過，等他體驗過後，他也想再跟我討論。

這樣的教學相長，實在令人愉快。

不想在乎我們的在乎

有位朋友，因為負面情緒減少了而感覺高興。我其實提醒過很多次了，負面情緒也有好處，也是我們的一部分。態度上，是負面情緒來了也好，沒來也好，就是接納，這樣生活會比較長久一點。

等到負面情緒又來了，是不是我們就該痛苦了呢？其實不一定，不需要給我們的負面情緒施加壓力，這又變成增加負面情緒的根源之一了。

我以前會講，要丟棄阻礙我們成長的負能量，那講法並不是完全合適。我現在會想，偶爾感受一下自己的成長受阻，在負面情緒裡面，看清問題的根源與樣貌，也不是壞事。

舉個例子，我最近有一件煩心事，我做了我期待要做的事，只是出現了負面的結果，讓我有些疑惑。我想，這種經驗很多人都有。雖然在預期中，可是負面結果還是不太可能突然變得讓人好受。

所以，我沒想要太快轉移我的注意力，當我心煩的時候，我盡可能邀請它在我心裡停留，不厭其煩。觀察了它好幾次，每一次的結果都告訴我，假使再來一次，我還是會有同樣的作法，就算可能出現負面的結果。用這樣的方式觀察它，便感覺，觀察一次就消解一次。

煩心事沒消失，就像很多發生過的事，發生了就是發生了。可是，它幫助我確認了我的初衷，它幫助我搞清楚了接下來該採取的行動。心煩，但意不亂，沒妨礙我生活，這樣就夠了。

前些日子在國立台北教育大學，跟不少朋友討論「傾聽」這件事。有位朋友問了我一個問題，類似怎麼樣不去在乎自己心情的不美麗。

通常我們一直告訴自己，不要在乎某件事，通常表示我們很在乎那件事。這就叫跟自己打架，沒有贏家，只有自己是輸家。告訴自己不要在乎，自己正在在乎的事，反而常弄得自己情緒更困擾。

所以，都在乎也不錯。只要有心力，都在乎，屬於我們內在的各個面向，包括想法、心情，我們都去在乎。通常最後的結果，我們會感覺比較踏實，比較平靜。

假設，我們跟孩子吵架，心情很差。除了好好觀察自己因為這件事，所產生的心情變化之外，我們也觀察當下正在做的事，會造成內在什麼變化。像是我們正在洗碗，感覺水慢慢流過我們的手，我們正往房間的路上走去，感受我們的肌肉運動……

然後，看到臭臉的孩子，我們觀察他的心情，站在他的角度，去猜測他的想法……。我們看到另一半，看我們跟孩子之間鬧得不愉快，我們觀察另一半的心情，猜測另一半會怎麼想……

都在乎，而不是執著一方，或者一個小小點。觀照的範圍越全面，就越貼近事實，那就走上了理解、諒解的路。都在乎，那麼我們能分配給我們不想在乎的部分，就變得少一些了。

想法更有彈性，情緒更多元，生活因此多樣、豐富。我們像在情緒當中，又像在情緒之外。我們像在過我們的生活，又像在品味生活。

我們一直沒忘記傾聽，同時也繼續同理。我們先關心我們自己，有餘力也關心家人。有多少心，盡多少力，感覺無憾、無愧，那麼挫折來，有時候也只是一種調劑。

我最討厭人家叫我放下

「我最討厭人家叫我放下！」

她的親人最近被檢查出罹患癌症，發現得算早，有機會控制住病情。可是，她被這件事困擾得很厲害，一直想著「如果他死了我怎麼辦！」工作不專心，私下常偷哭。

我同理她，也不意外她有這樣的反應。她想知道，怎麼樣可以減少困擾？

可是，她自己又知道，自己的反應也不是太奇怪。問別人，都是叫她要「放下」，她就是放不下啊，而且，親人也真的可能會過世，這是機率的問題，也不是自己想太多，這怎麼放下？

我還是希望從語言調整起，她最討厭的事，可能不是他人無效的勸慰。內語不改，過度的情緒容易往別人身上去。我跟她討論一陣子，比較適當的說法，是「我對於親人可能過世感到害怕，我對於這個想法，想放但放不下感到很挫折。」

這麼嚴重的事，別人講一些社交性的安慰，然後沒有效，這也不奇怪。內語對了，才能不斷貼近自己的內在，接觸實際情緒的來源，減少錯怪遷怒。

至於「放下」，我跟她換個方式來說。她的想法其實大多數人都會有，而且親人確實有可能去世。但是，有這樣的想法，未必要有那樣的情緒與相應的行為，就算大部分人是如此。想法的對錯，跟投入在這個想法的時間有多少，兩件事可以分開來看。

她說，真的有這樣的可能嗎？

我跟她提，一般來說，我們會講到想法「決定」情緒與行為。可是，比較適當的說法，是想法會「影響」情緒與行為。

我舉例，跑步的時候，常有那種覺得自己「可能跑不下去了」的想法，但是最後還是繼續跑完的狀況。就算這「想法」是真的，我們還是可以產生跟想法相反的

「行為」。

我再舉例，人在賴床的時候，心裡常會出現一種想法是「我起不來」。剛開始勉強自己起床，還覺得很疲累，但是沒過多久，刷完牙、洗把臉，早餐吃一吃、稍微動一動，精神就來了。我問她，有沒有這種經驗？

她說，應該是人就會有吧！

我再問她，她如果「停留」在親人可能過世的相關想法，比較少一點，是不是可以改善她現在的狀態？

她覺得應該可以改善，只是她很疑惑，這真能做得到嗎？

所以我的說法，不是用放下，比較像是跟想法或情緒做「好朋友」。不是壓抑它們，反而是肯定它們的存在對我們有些價值。然後，也讓其他想法或情緒慢慢浮現，畢竟生活在過，怎麼可能只有一、兩種想法或情緒會出現？

我帶著她觀想，跟親人過世有關的想法，是什麼樣子？有沒有顏色？這些想法浮現的時候，是用誰的聲音說出來？還是只有文字？這些想法隨著時間過去，有沒有什麼樣的變化？

調整呼吸，放鬆肌肉。還有沒有其他想法或情緒出現？最近有沒有忽略了跟誰的互動？好像浮上天空，看著自己過一天的生活，有沒有自己沒注意到的地方？……

她本來就很注意自己的心靈成長，這樣一練習她就覺得有些感覺了。執著稍稍鬆動了一些，身心也感覺輕鬆了一點。

我鼓勵她，藉這個機會好好注意自己內在的變化，別在這個當下找事來轉移自己的注意力，又無形中增加自己的壓力。多運動、寫寫日記也好，痛苦是老師，我們常在裡面學習。

自己不被少數的想法占滿整個心理的空間，困擾日減，放不放下就不是重點了！

為什麼會這麼苦

孩子常在發脾氣，這陣子，大致上他在練習生氣。然後，生氣來得很急，控制不了自己就哭。旁人感到壓力大，我倒是很冷靜。

看過許多孩子、或者許多人控制不住自己情緒的樣子。當事人當時的情緒，縱使我們旁人不明白，但當事人有他表達情緒的權利，他只要不傷害人，不進行言語的攻擊，我們得適當尊重他。

不因為當事人的生氣而生氣，不因為當事人的難過而難過，實在不見得是沒有同理心。而是我打從心底認為：第一，連當事人對於自己情緒的出現、頻率、強度，都可能感覺莫名其妙，我們不一定要隨之起舞；第二，人非無情，當事人的情緒會引發我們內心的波動，可是，我們雙方的情緒，常有各自不同的故事與經歷，我們很容易將我們情緒投射到當事人身上，反而讓我們看不清對方。

這麼多年來，我養成了一個習慣，孩子一有情緒，我習慣先等一下，在孩子的情緒暫告一個階段，就開始同理。並同時猜想：發生了什麼事？我有沒有時間陪伴，還是要準備轉移孩子的注意力？需不需要排除旁邊的干擾？什麼話要先講，什麼話要放在後面說……

我發現，在強烈的情緒出現的時候，孩子就是鬼打牆。很多時候，我跟孩子討論情緒的出現是因為什麼事？或者有些不合理，到底怎麼了？

孩子常回應：「我不知道！」

很多時候，情緒出現了，我們就硬要幫它找個原因，畢竟有個解釋會讓我們自己比較安心——如果連我們自己一剛開始都不知道為什麼它會出現的話。可是，很多原因我們需要花時間探索，有些原因則可能源自生理，我們在心理層次找也不見得有用。有時候，情緒出現，其實我們真的找不到理由。

有時候，重要的常常不是情緒本身，而是我們對於情緒的回應。對我自己來說，當我不去壓抑自己的種種思緒，情緒也容易像脫韁野馬。這時候，我選擇默默體察我情緒的變化，我沒特別排斥它，也沒想要主動親近它，比較像是觀察著它，尊重它的存在。

常這樣做，我們自己的情緒不知所以的出現後，就比較不會慌亂。我們覺察得更快，也能跟它保持距離，但又不因為它的出現而頑強抵抗，耗費許多幫助我們保持意識清明的力氣。

最近有位朋友在我面前眼淚潰堤。她說到：「為什麼會這麼苦？」這苦，也許來自原生家庭，也許來自我們目前仍不知原因的生理變化。不過，去體驗它而不是排斥它，真的很重要。情緒有其波動，會上、會下，會趨於平緩，體會情緒也有它的韻律，別常想著打斷它。

我期待，這位朋友有機會感受到我所體會的狀態，然後，別忘記肯定自己的努力。我們常因為負面情緒一來就否定自己，否定自己曾有過的努力，而讓自己陷入更無力面對負面情緒的窘境。

我也常感謝孩子，他在陷入情緒當中，為了因應當時的狀況，還能夠勉強自己把情緒收起來，幫助自己也幫助我一起來面對事情。孩子從我這裡得到了力量，便更有信心，原來情緒可以這樣處理。

我常想，這更像生活，而不是治療。我教導孩子怎麼做，他看著我怎麼做，然後陪著孩子，等到他遇到困難的那一剎那，我及時出手，等到情緒強度趨緩，他再藉著自己的努力，讓自己試著回到穩定。也許，在事後重新分析，到底我們一起有了怎麼樣的經歷？學到什麼樣的教訓？影響了別人，該怎麼彌補？

這種感覺，好像老和尚帶著沙彌，好像師傅帶著學徒。口頭教一教，常感覺搔不到癢處，陪著一起走過一次，我跟孩子就搞清楚一次。

於是，情緒還是來，有時候又猛又快。只是我們不驚慌，等著迎接它。

我讓爸媽失望了

我跟她討論了不短的時間，整理出她的一種矛盾心情。她其實知道爸媽對她的期待不合理，可是她又沒有辦法擺脫好像讓爸媽失望的愧疚感，特別是她媽媽。

她媽媽其實是好意，要她嫁得好，要她不要那麼辛苦。可是，又嫌她現在的工作不好，是當初沒有聽媽媽的話才會這樣。前後講法有些矛盾，但方向很一致，好像沒聽媽媽的話，就會很慘——最起碼要被她媽念好幾年，光是被這樣對待，她就覺得很慘。

當一個人沒多花時間認識自己，了解自己的情緒，去思考自己的行為與自己的關係，去分辨什麼是社會主流的價值觀、什麼是個人的信仰與價值，這兩者間的衝突與如何妥協，那麼，就容易道聽塗說、人云亦云，想到什麼說什麼，可能造成自己想的跟自己做的不同，口頭講的又跟心裡想的不同，甚至一下子這樣、一下子那樣，多重標準、矛盾反覆。當這樣的人做父母，孩子就會很累，內心也常感覺被拉扯。

畢竟影響孩子最大的人，是父母，就算父母講得再不合理，長期在孩子耳邊叨叨念念，也都進了孩子心裡的底部。要能再拿出來調整，實在要花不少功夫。

她是按照自己的方式過生活沒錯，但是她也知道自己一直對於不是讓父母滿意的孩子而感到歉疚。同在這種狀況的朋友，我也遇過，放下那份歉疚還是有機會，只是真的不知道要花多久。

我猜，要放下得快一點，自己要先活出自己可以接受的樣子，甚至讓自己感覺喜歡、滿意。自己有能量，才能更有能力體諒，體諒父母無法面面俱到，大部分的缺憾終究要靠自己彌補。

也很有可能，父母感覺失望的真正對象，不是她，而是自己。那麼，他們對自己的失望，我們就不用放在身上承擔了。

浮雲心情

上節目的時候，這張手板根本沒有多少時間可以談。事實上，我總共準備的三張手板，都沒時間細講，只能粗略帶過。我記得離開座位的時候，手板放在原位，主持人靠近端詳著手板上的內容，喃喃說著：「這很好耶！」

這不是我的創新，這是理情行為治療法的應用之一，我拿來稍作修正使用。我們反射性的想法，或說自動化的思考，常存在著不太理性、過於情緒化的解讀方式。然而，我們如果沒有把握機會去檢視，讓它輕易溜過，我們便少了一個修身養性的好時機，我們甚至可能被它不知不覺地擺布，而過著不如己意的生活模式。

特別是破壞性的負面解讀，那真是自己把自己逼到牆角。我們常常不只有難過或生氣這麼簡單的情緒，裡面可能藏有積累多年的無奈或自我否定的跳針內語。挖得不夠深，就搔不到癢處，情緒雖然暫時可能隨著時間變淡，但下次還會再來。

靠自己檢視自己的想法，那真是硬功夫。常常要白紙黑字在眼前，一字一句地反思，到底我的解讀有沒有證據支持？還是根本就是自己把自己局限在受害者的位置？

這一套功夫完成了，整個情緒也就淡了。這時候再來跟自己對話一遍，更能找出貼近事實的敘述方式。於是，對方的不滿，與對我個人的否定，就可以各自看清了。

套一句網友最近講的話，讓我們把對對方的情感，愛歸愛，討厭歸討厭，各自擺好位置。那麼，我們雖然有著複雜的情感，但心不亂，互動就更能找得到節奏，也多一分從容自在。

那麼，他人來來去去的情緒，我們自己起起伏伏的心情，都像浮雲，飄來散去，成了風景。

＊檢視自己的情緒與想法

1 事件＋想法

自問：「她對我不禮貌，表示她＿＿＿＿＿我。」
自答：「她對我不禮貌，表示她不尊重我，否定我對她的付出。」

2 探索情緒

自問：「她不尊重我，否定我對她的付出，除了讓我生氣，還讓我覺得＿＿＿＿＿。」
自答：「讓我覺得很沮喪、很無奈、很沒有價值……」

3 重新檢視自己的想法

自問：「有沒有證據支持與反對我的解讀？」
自答：「她上次也說過她有時候很討厭我……可是，她也說過『最愛媽媽了！』……」

4 更貼近事實的內在對話

自問：「當她＿＿＿＿＿＿，我認為＿＿＿＿＿＿，我感覺＿＿＿＿＿＿。」

自答：「當她對我翻白眼、發脾氣的時候，我認為她只是在表達自己的不滿，並不是在否定我的付出，我感覺心情受到一些影響，但沒那麼糟！」

戰勝自己

不知道他是看了什麼勵志的文章或電影，或者只是複述師長的話，還是真實的親身體悟。他說，到最後我們要面對的，就是我們自己。

他舉例，像是做數學的時候，他本來花了不少時間解不出來，有挫折感，想放棄了。可是，他沒被這個挫折感打倒，休息一下比較有精神了，就繼續解題，終於解出來了。這個過程，後來也在體育課的時候出現了，害怕自己跑不完，於是讓自己先跑慢一點，有力氣了就繼續跑，最後還是跑完了。

所以，事情雖然不同，感受很相像。我們一直在面對的，表面上看起來是不同的事情，事實上就是我們自己的心情。懂得克服自己的挫折、恐懼，就能戰勝自己。

我開玩笑地說，他是準備參加演講比賽嗎？

看他表情有些困惑，好像聽不懂我的玩笑，我就轉而鼓勵他。他體驗到的，很深刻，也很實際，可以用在不少情境。只是少了提醒、強化，在生活瑣事中忙亂，還是有可能忘掉。如果他能寫下來，或者把「到最後我們要面對的，就是我們自己」這樣的話印出來，貼在牆上或桌邊，時時提醒，對他可能有好處。

考量他的年紀與人生經驗，以及臨場的反應，大致上談到這邊就可以了。可是，如果要用在年紀大一點的人身上，譬如父母，要再多談談。

「懂得克服自己的挫折、恐懼」這段話，我想改成「懂得跟自己的挫折、恐懼『相處』」。因為情緒常常幫助我們，包括挫折、恐懼，它們讓我們人類從遠古時代存活下來。我常感恩這些負面情緒，給它們時間聽它們說說話，所以它們也對我好，不會過度放大讓我不舒服，造成生活的困擾。

「戰勝自己」這句話，我想改成「跟自己和好」。戰勝自己，常被用來激勵，跟「克服自己的挫折、恐懼」這樣的說法常一起出現，之間有邏輯關係。喚起人的好勝心，視挫折、恐懼為敵人，或者是需要被打倒的障礙，再催出一些前進的動力。

這樣的說法，短時間內會有效果。可是，長期來說，由於挫折、恐懼就是自己的一部分，等於自己不允許自己的存在，容易給自己更大的情緒壓力，成功的時候固然可以沖淡一些負面情緒，可是失敗的時候，恐怕負面情緒反而會更強烈。

然後，不管在什麼情境、因為什麼事情，我們最後要面對的，除了自己的「情緒」，還有「想法」。很多事讓我們挫敗，結果不如預期，我們就可能否定自己，感覺沮喪。

如果我們懂得跟這些情緒與想法相處，才能進一步談，在各種不同的情境與事件中，要如何解套與自在。

舉例來說，有些特殊兒童的父母，可能一輩子要面對旁人異樣的眼光。不管怎麼努力，孩子的進步不如一般孩子，父母始終得承受一些壓力。

這些父母，除了內疚與自責，有沒有可能再發展出其他的想法，這很重要。像是懂得欣賞孩子的進步，理解對他人造成的困擾，看到自己的成長，同理其他類似處境的父母的感受……

想法多元、情緒多樣，那麼，我們自己就有多種可能性。想法、情緒的流動自在，心胸開闊不排拒學習，說是苦中作樂也好，說是痛苦彰顯了意義也可以，心無所住，任性悠遊。

那麼，接納了自己，就不會特別想去戰勝自己。這是跟自己交上了朋友，所以我喜歡講「跟自己和好」。

我們對每種想法與情緒保留，不見得得相信它、陷入它。就算我們相信與陷入，也不必然花在相信與陷入的時間精力就得要長久。有需要就留，沒需要就可以走。

跟自己交朋友，有時候可以濃情蜜意，有時候也可以恬淡如水。就像我們面對孩子時，我們可以接受在我們的心裡面同時有兩種想法並存——深愛著孩子，願意為他犧牲奉獻；以及被孩子限制住我們的生涯發展，得要適時找回自己的想法。

我們因此得到了些行為上的彈性，這些彈性成為了身教，剛好有機會給孩子建立起將來要面對迅速變化且複雜的未來，所需要的一種態度。隨遇而安，但行動自如。

感覺上面的說法，太抽象了嗎？

這樣吧，我們常做一種練習試試看，就可能會感覺具體一些。就是在自己無法擺脫一種想法，或者沉溺在一種情緒中，或者難以施展行為的時候，問問自己還可以怎麼想？還可以怎麼感覺？還可以怎麼行動？

多談談可以做什麼，而不是只有不能做什麼。

CHAPTER 3

觀照・關係

當我們觀照不到自己的時候

跟孩子們談過年時的情緒，剛開始粗略地問，孩子們對於事件與情緒的連結並不是太清楚，就是講不太清楚情緒。可是，隨著仔細探究，一些細微的情緒，跟著正面情緒而來的負面情緒，也就一一浮現了。

其實情緒是在的，只是孩子們需要花時間，有人幫助引導去覺察與體驗。大人的覺察會好一點，但在現在過於忙亂的社會裡，即使大人也常觀照不到自己。

我想起他，我們曾經對於「覺察」，有些討

論。

他自謙學藝不精，學過靜坐，主要是在呼吸上下功夫。他以前一旦煩亂，或疲累，電腦打開，就開始沉浸在網路的事件，有好笑的影片就看；想到哪一個粉絲專頁，很久沒瀏覽了，就點一下；想到要買個什麼東西，就找一下購物網站；想到之後可能要去哪裡，就查一下google map；想知道這幾天的天氣，就看一下奇摩氣象……

他覺得，整個人好像陷進去的感覺。等到他「醒來」，意識到自己正在做什麼，常常半小時、一小時就過去了。是做了一些事，但最重要的事沒做，或只做一部分，不但沒休息到，又感覺更疲憊，心情更煩亂。

他形容，那像是注意力散掉的狀態，他的行為完全受外界影響。他是這樣過了不少時間，才意識到，他沒把靜坐的好處拿出來用。

我跟他說明，單純以認知心理學來說，我們可以把「我」，分為物件層次，以及後設層次。物件層次是我們正在運作的心理歷程，後設層次能監測與控制物件層次的活動。

簡單地說，我們一邊做事，一邊站在更高的位置，看著自己正在做什麼。然而，後設層次的運作，似乎需要比較多的能量。個人的行為無法受到意識指揮的時候，可以想成是後設層次的運作不佳。我的講法，是當下要召喚後設層次的認知來幫助我們。相對於他的講法，後設層次的運作不佳，或許很接近他所謂「注意力散掉」的狀態。

他說，聽我這樣講，他覺得很有趣。他是把後設層次的認知，視為「真正的我」，物件層次的認知，視為「我的心智」，是負責把「真正的我」的意志，實現出來的工具。不過殊途同歸，「真正的我」沒有發揮作用，就會讓「我的心智」任意遨遊，迷失了方向。

不只是這樣，他也發現，當「真正的我」沒有適當發揮作用的時候，不但會開始浪費時間，還會開始堆疊情緒。但是，除非堆疊的情緒到了一個地步，要不然「真正的我」就覺察不到。

所以，現在他感覺疲憊煩亂的時候，就注意呼吸，即使當時沒辦法好好坐著也沒關係。有時候只有零碎時間，也不是問題，就是慢慢地吸氣，慢慢地吐氣，感覺身體肌肉的緊張與放鬆……直到把注意力收回來，充分意識到自己正在做什麼。

這麼做，反而時間的運用更有效率，情緒也更穩定。也就是偶爾花個時間，來觀察自己，心智出現了什麼樣的念頭與情緒，就會比較快知道。有需要處理就處理，沒辦法處理也比較不會累積，也比較容易放下。

對我來說，不管是孩子，還是過於忙亂的大人，生活打結了，就是不太注意自己正在做什麼，想到就去做，有時候過於衝動，停不下來、靜不了。常常不知不覺地做了很多事，自己感覺像瞎忙一場，又可能惹了不少壓力回來。

這種狀態，不但會浪費時間、堆疊情緒，也妨礙了跟自己以及他人，進行更深層的內在連結，進一步影響人我關係。有知有覺地全心投入生活，知道自己的限制，了解自己有什麼樣的資源可能做得到什麼，踏實、充實，隨遇而安。

生活簡單一點，可得悠閒。事情剛好擠在一起，可以忙而不亂，一件一件來。

我現在只能帶著孩子們覺察，感覺被理解，情緒有出口。希望自己將來有能力，知道怎麼幫助孩子們靜下心來，讓我們的行為與意識做朋友。

不急著討好

我們過於擔心失去一段關係，當關係緊張的時候，我們就會想要討好對方。有時候，因此心情越不好，我們越想討好。

我的經驗是這樣，在關係緊張的時候，先求停止負面的互動。也就是，關係之所以緊張，可能會有一個癥結點。可是，我們可能不是那麼清楚，急著做什麼，常無意中再累積傷害。

表達對關係的善意，讓對方確知我們的心意，這是第一步。不過，除了表達之外，其他動作先暫停，爭取時間思考。這時候，越掙扎越容易壞事。

為什麼不能趕快討好對方？

因為那常是不健康關係的起手式，不小心變成告訴對方，你的情緒比我的重要，甚至暗示，偶爾踐踏我的自尊也沒關係。有時候，那種過度的話：「為了你我什麼都願意做」，類似的講法就會出現。

如果對方貪婪，討好的人就可能準備倒大楣了，被討好的人也可能被寵壞。將來要再把關係扳回來，就可能很困難。討好會習慣，會變成理所當然，這種維持關係的方式，往往會變成，沒有更大的犧牲、更多的討好，關係又會莫名其妙崩壞。從另一個方向來說，別忘了，討好有時候會造成對方壓力。如果對方沒有存心想利用，那麼，他就可能擔心這個人情他以後還不起。

善意表達了，那對方不回頭怎麼辦？

先調整自己的心情，自己不能亂了方寸。兩個人要和解，通常是兩個人的心情都平復之後，會比較容易進行一點。

有些關係中的問題點，其實無解，這個過程就是要磨，在考驗我們彼此的耐受力。但是雙方都懂得調整心情，有些事情睜一隻眼閉一隻眼就可以過去。

如果有心維持關係，那麼雙方共舞的時候，踩到彼此的腳時，不會一下子就放棄。如果只想從關係中剝削來滿足自己，那麼一不順自己的意，什麼點都可能變成是兩個人的分歧點。

對孩子討好，也不見得好。如果把孩子養成非常自我中心的模樣，父母等於挖了一個坑，給自己跳。

陪伴，是你好我也好。我不知道怎麼讓你好的時候，我先自己好，這不是罪惡。我先好了，才更有能力承受雙方的情緒，再想想以關係長遠來看，這一刻，我可以試著怎麼面對？

付出的人
可不可以表達感恩

我跟不少在關係中受苦的朋友互動時，會看到一種很簡化的公式。

在關係中，甲方持續付出，通常，甲方會要求某種回報，但是不見得很明顯，有時候跟心理層面比較有關。像是要求乙方要聽話，或者感恩，或者某種甜蜜的舉動，或者要回報以關心，或者某種尊重，甚至是尊敬。

如果乙方沒有回饋到讓甲方滿意，甲方就會覺得，付出去的賠本了、收不回來了、白費了，感覺自己沒價值、不被重視。然後使用情感勒索的手段，不斷提醒乙方，要記得回報或回饋。

如果甲方的要求過多，或者乙方一直無法達到甲方在心裡預期的標準，那麼雙方都會受苦。這種狀態，在親子、情愛關係中很常見，即便口頭會說「不要求回報」，通常不是這麼回事。

譬如，我知道某位老人家對孫子好，像是買東西給孫子、帶孫子出去玩的時候，常會說孫子說類似的話：「你這樣很幸福耶，以前阿嬤都沒有這麼好玩的事。阿嬤對你這麼好，以後要孝順阿嬤，要聽阿嬤的話，知不知道？」

好像付出的時候，在心裡就會記下一筆帳，以後再跟對方要回來。至於怎麼要、怎麼還，付出的那一方，常覺得要以自己的定義為主。

但是我在國北教大跟朋友們討論一個問題：付出的人，可不可以表達感恩？也就是，付出的人，在付出的當下，就感覺得到了他要的情緒或事物。那麼，雖然付出的人是他，他對接受付出的人，能不能依然表達感謝？

譬如，有些父母會很清楚地知道，自己在陪伴孩子的時候，就感受到了快樂。對於自己有能力付出，又得到另外一層對自己的滿意與成就感。所以，即便付出的人就是父母，父母能不能感謝孩子願意接受他們的付出？

付出的當時，能不能就得到回報？能不能覺得這樣就足夠？

不是不求回報，是付出的過程就已經有了回報。我甚至很清楚地知道，有些人會感謝孩子來到這個世界上，感謝孩子在成長過程中給父母的驚喜，感謝我們共度了一段美好的時光。

不只是親子，在情愛關係中，或者談到友誼，我們的眼光，能不能聚焦在當下，不管是誰付出，我們當下得到了什麼，因此感恩感謝?!

未來的事都難期待，如果現在付出的時候很痛苦，期待將來會有甜美的回報，我們都知道，那不見得能夠實現。那麼，我們除了思考，現在有沒有必要那麼痛苦的付出之外，我們可不可以學習多一種眼光，去看到我們當下得到了什麼？

我們付出的時候，心中就充滿了愛，這不就是一種很棒、很難得的回報嗎？這種心態，會很像志工，或很像某些懷著大愛的宗教人士。付出的當下就獲得，很甘願付出，付出就會源源不斷。

所以對一般人來說，量力而為的付出很重要。要避免透支自己的情緒，時時覺察自己心理的狀態，認清自己的喜好與能力，就變得很重要。

我認識一個朋友，常喜歡嫌東嫌西的，好像要製造對方欠他人情的意象。他會

付出，而且很主動，但是不見得尊重對方的期待或意願。可是，只要他付出了，那接下來，他就會不斷提醒對方，要用他期待的方式回報。

他如果沒得到回報，就會露出悲苦的表情，暫時停止部分的付出，但是不會都不付出。然後一邊付出的時候，一邊埋怨，好像他頭上總是有烏雲罩頂。

不管這位朋友透過這種手段，得到了他要的什麼。我常覺得，他已經先賠了自己的心情。

讓自己心情不好，就算用這種方式得到了什麼，好像都是假的。

如其所是地對待

我聽朋友講到，「家裡的姊姊是榜樣……」，我突然有一種特殊的感覺，但是當時說不出來。後來找了個時間把心靜下來，慢慢琢磨清楚之後，有一個想法。

這個想法並不是很精確，大致上是，如果我們有孩子，我們常把最年長的孩子，看得比他們實際年齡更成熟。然後，我們可能把最年幼的孩子，看得比它們實際年齡更幼稚。

（之所以稱為不精確，是從能力來說，因為有些家庭，反而是年長的孩子，各方面能力比較不好。或者從個性來說，剛好最年幼的孩子，個性很獨立。在這種情況下，我的想法便不成立。）

然後，我們可能對最年長的孩子，給予較多壓力。我們可能無形中，鼓勵最年幼的孩子依賴。

像是我認識一位姊姊，快升國中的時候，就已經部分地要幫媽媽洗衣、晾衣，照顧弟妹，教功課。這位姊姊大概從此以後就一直要做好這些事，而且這些事只會越來越多，對她的要求也會越來越高，直到她離家為止。但是弟弟妹妹，即使到了國中，說不定還是不需要洗衣服也不一定。

我也認識一位弟弟，即使已經成年了，但是不管這位弟弟是什麼年紀，他在家中的排行就是最小，行為相對於他的年紀實在不太成熟，媽媽也過於寵溺。我猜，反正很多家裡的事，哥哥姊姊都會接手，他不需要獨立也能過生活。

一個人要能追尋自我，就不能被角色綑綁，像是家中的排行便是一種影響力深遠的角色。因為家庭團體的力量大於個人，而文化中的價值觀又會影響家庭，層層疊疊的力量加諸在個人身上，可能讓個人也如此定義自己。

我期待父母要提醒自己，特別是面對最年長的姊姊，因為通常女生的發展比男

生快，體型、能力及成熟度也有明顯差異。姊姊就算是姊姊，就算是各方面總是比弟弟妹妹表現較好，她也是小孩子，或者是依然需要父母關懷的青少年。

反之，對最小的弟弟或妹妹也一樣，要多參考一般兒童的發展程度來對待。基本上，如果可以增加父母跟子女的獨處時間是最好，如其所是地去接納每個孩子。如果只能團體行動，那麼，自己的眼光就可以試著修正。

我認識一位女性朋友，她雖然不是排行最大，上面還有一個哥哥。但哥哥不太管事，所以家裡連她共三個孩子，基本上都是她照顧人居多。

這位女性朋友的戀情，也常是扮演照顧人的角色，男生不是年紀比較小，就是比較依賴。後來，她交了一位有能力照顧她的男朋友之後，她告訴我，那樣的感覺真的很好。

只是，我提醒她，她長年來照顧人的習慣，不會一下子轉變。所以，偶爾男朋友願意被照顧，也很重要，讓照顧者與被照顧者的角色，可以彈性替換，雙方能持續在關係中滿足彼此的需求最好。

期待各位朋友，在做自省的功課的時候，也可以想想，自己的排行，對自己的行為、價值觀、人際關係以及人生，有怎麼樣的影響。要擺脫角色的限制，得要靠自我教育才行。

可不可以暫時不為自己辯護

他說，他實在沒辦法傾聽。就算是講了幾百遍的事情，他聽到受不了之時，就是會打斷或者是插話，然後重述他的立場，然後溝通就破局。

不馬上重述他的立場，會怎麼樣？

他說，會怕對方覺得他默認，覺得對方是對的，他是錯的。

「我對，你錯，你修正，你閉嘴！」這樣的態度，讓溝通變成角力，雙方都想說服對方。然而溝通是為了改變，雙方都要試著改變，這是基本態度。基本的態度沒抓好，溝通常變成吵架，或者冷戰。所以我再問，先把對方的話聽完，就代表默認對方是對的嗎？不能聽完再好好說明自己的想法嗎？講了幾百遍的事，對方會不知道你的立場嗎？

他說，這些道理他都懂，就是會忍不住。

其實，他之所以忍不住，或許是沒辦法接受，其實他有「可能」是錯的，或者不想接受他自己的不完美吧！他一想到自己也許是錯的，就受不了，害怕、焦躁的情緒瞬間暴衝，所以想要反駁、捍衛，越講越生氣，慢慢變成在言語上傷人，甚至有可能動手。

傾聽代表一種尊重，也代表一種雅量，承認你會錯，我也可能會錯。然後對錯在相處的時候，不用太執著，因為很多事沒對錯。

一直強調自己對，有用嗎？

他說，有用就不用那麼困擾了！

對啊！對方在情感上不能接受，沒感覺到被尊重，懷疑自己的話不被人懂，要真誠調整自己，就困難多了。

傾聽只是基本功，後面還有很多互動、磨合要進行，才能應付生活。可是，就算基本功都做不到，生活還是能過，只是心情不太好，很多事解不開，有時候還是可以拖，就像他也這樣生活了不少年。只是關係可能會破裂，也可能關係還在，變成形式。

我請他練習，想一想自己有哪些需要修正的地方，記錄下來。不是要讓對方知道這對他來說壓力太大，至少，先讓自己認清與學會接受，自己的不完美吧！

在心裡覺得自己有錯，又暫時不為自己辯護，讓這樣的想法與衍生的情緒與自己同在，練習呼吸與放鬆。先過自己這關，才比較有機會度過關係那關。

妳不是說妳愛我嗎

真正要實施愛的教育，常比打罵教育還要來得辛苦、傷腦筋。然而，前前後後思量，既幫助了孩子成長，又練了自己的心，收穫也是加倍。

她沒頭沒腦問我：「萬一孩子跟我說，妳不是說妳愛我嗎，那幫我買什麼什麼，用愛綁架我，該怎麼辦？」

我問：「他是要妳幫他買什麼？」

她說：「是我年輕的時候跟我媽這樣講過，現在想起來，覺得對我媽很不好意思，又擔心有現世報，將來這個物慾比較強的老大會跟我這樣說！」

我這樣跟她分析，請她參考。我們愛一個人，是一種情感，這種情感有節制，不希望造成他人的負擔，所以我們會考量環境的限制與當事人的意願，採取某些行動。

像是金錢這件事，就很需要知道我們手上的資源有多少，想要達到什麼樣的效果，希望對大家都有一定程度的好，這是基於愛。假設現在只有一碗飯，我跟孩子兩個人要吃，我因為對孩子的情感，我會一人一半，甚至可以給孩子超過一半多一點點，但我不會都給孩子吃。

我自己肚子餓，找下一頓飯吃的能力就會減弱，對大家都沒好處。我也希望孩子懂得分享，知道對家人體諒，這是基於我對孩子的愛所進行的考量。

所以我們常說，由愛自己開始，來愛孩子，那是重視關係，或者以家庭為中心，而不只是以孩子為中心。愛的教育，不是只有針對孩子，愛是普及在家人身上，就算愛某個孩子的情感比較強烈，那也不能任意偏私。

所以，我愛孩子，這點沒錯，至於可不可以幫他買什麼，我會做通盤考量。但是，我的愛，不是只有這樣而已。

當孩子因為我不幫他買什麼，就跟我鬧，不跟我說話。因為我沒忘掉自己，我想辦法維持好自己的情緒，那麼，我就不會對他口出惡言，我也更能承受他的冷落，我對他的愛不會那麼輕易改變。因為愛一個人，所以更能承受傷害，那是同時愛自己的關係。

他不跟我說話，我就筆談，或者簡訊、私訊，或者給予適量的金錢，請他打理自己的餐點。該做的事我會提醒他，他沒去做，結果他也要自己承受，我不會放棄這個教育他的機會。時間省下來，我就會去做我原本想做的事，建設我自己的人生，譬如，帶著筆電、幾本書，去咖啡廳坐坐。

愛一個人，不是要任人欺負的意思。很多偶像劇、歌詞、小說，強調愛一個人，就要為他付出所有的概念，是很感人，但是不長久。真正愛一個人，如果是這麼短暫，那就會像煙火，燦爛而虛幻。

我愛你，我就要請你珍惜我們彼此的關係。你沒有適當的情感回應，那我就要擔心，這樣下去我們的關係能不能長久，或者我是不是愛得讓對方很有壓力，就要退到距離更遠一點的位置，邊互動邊觀察。

經營愛的關係，裡面要放進適當的彼此尊重與體諒。如果一直被單向要求，關係失衡，愛容易落空。

負面情緒銀行

當我們在關係裡面感到很「勉強」，我們還是硬要自己繼續透過「犧牲」，維持住關係。那麼，每一分勉強，都好像在「負面情緒銀行」裡面存了一筆錢。

負面情緒銀行是世界上唯一不會倒的銀行，裡面可以存的負面情緒，有委屈、難過、生氣、失落、罪惡感……等，商品多元。不但定時生利息，負面情緒本身會不斷強化與膨脹，引來更多負面情緒。而且，這個銀行很厲害的是，它會自動在我們無法預知的時間，連本帶利一次還給我們，保證還本，不領錢都不行。

什麼人能在這個負面情緒銀行裡有最多的存款呢？就是很能忍，很會欺騙自己，告訴自己，其實一直以來的勉強理所當然，怎麼可能會有負面情緒?!當一次連本帶利領回來的時候，可能造成身心疾病，也可能造成關係破裂。

有一位朋友說，她最後都弄到自己有憂鬱症了，結果她才發現，根本沒人在乎。旁人只要她繼續吃藥，別發作就好，然後別忘記繼續犧牲，讓大家的生活都能「回到正軌」。

所以，她開始學著，感覺到勉強就試著用適當的方式表達，或者給自己放個假，找個空檔，降低做事的標準，學著慢一點回應。這麼做，負面情緒銀行的存款，常保持在低檔。

不過，她並不貧窮，因為「愛的銀行」存款增加了。這個銀行也能利滾利，偶爾拿出來用一點，哇……那真是身心舒暢。不帶著勉強去付出，當有智慧的好人（從此拒絕當爛好人），關注對方但不帶著焦慮，不放大錯誤的可怕後果。她發現，她懂得怎麼愛之後，對方「愛的銀行」的存款也跟著增加了。

選對銀行，真的很重要。

PS.各位朋友，您好，我是「愛的銀行」業務襄理，洪仲清臨床心理師，歡迎今天來存款。要申請新帳號，想成爲我們的客户，只需要給所愛的人一個擁抱，表達您有多愛對方就可以。

不用幫對方決定他喜歡什麼

媽媽一直跟她兒子說：「不對啦！你喜歡的不是這個啦！我跟你講，你如果選了，你就會後悔！」

兒子回說：「我就是喜歡這個！我現在就是想要！」

媽媽說：「我就跟你說，這個你一下子就不喜歡了，不用一定現在就要！」

我們在關係裡面，因為跟對方長久相處，相處的熟悉常讓我們覺得對對方有十足的了解。然後，我們就越過界了，我們會以為，我們連對方當下的主觀情緒，都比對方更了解。

其實，對方當下的情緒，只有對方知道，我們不用幫對方決定他喜歡什麼，其實我們也做不到。在親子關係中，我特別期待，父母別去否定孩子當下的感受。一個人藉由探索、表達，知道自己喜歡什麼、不喜歡什麼，對將來為自己做打算，非常重要！

我們幫對方所做的決定，特別是「決定對方的情緒」，常常是一種壓抑，說得嚴重一點，可能是想操控對方。譬如，這位媽媽可能是因為兒子如果做了當下的選擇，對媽媽本身會有點困擾。

我們當然可以拒絕對方的要求，如果我們真的有困擾的話。可是，我們有困擾就直接說，而不是硬要扭曲對方當下的感受，說對方其實不喜歡。像是，這位媽媽可以直接說：「你很喜歡這個，我知道了。不過，我的時間金錢有限，目前沒辦法配合！」

就算媽媽所說的為真，孩子一下子就不喜歡了，如果已經事先約定好，孩子有選擇的權力，還是可以尊重孩子，讓他行使他的權力。他真的之後一下子就不喜歡了，也是在做練習，我們雖然覺得浪費了什麼，但是讓孩子再一次搞清楚自己行為的結果，這也是成長的一部分。

在情愛關係中，去挑戰對方對自己感受的認定，有破壞關係的風險。還是那句話，對方的感受我們要尊重，他主觀上認定自己的感受是什麼就是什麼，我們在行為上，能不能回應對方的感受是一回事，這要分開來談。

也許我們覺得對方對自己認識不清，那麼，提出我們對對方的觀察，請對方做參考，當然可以。不過，那只是參考，態度上要傳達出我們能夠清楚、也願意尊重與接受，對方會比我們更了解他自己。

一段自在的關係，是對方很清楚他的感受，我們也清楚我們的感受。然後，找出交集，以及可以共同行動的空間，相互陪伴。有時候也許對方沒被滿足，有時候輪到我們沒被滿足，輪流、妥協，只要在情緒上過得去就好，這在關係中是常態。

跟搞不懂自己要什麼的人相處，其實很累！如果搞不清楚自己要什麼，又要求身邊的人要負責滿足他，那這樣的相處，隨著時間一久，會越來越像折磨。

一個成熟的人，能接受延宕滿足，也能適時表達自己的需求，甚至自己尋找替代性的方式滿足自己，不讓自己的情緒超過臨界。那麼，對自己的情緒足夠清楚是重點，從小自己的情緒就被扭曲的孩子，長大之後，要加倍努力地探索自我，才能學會怎麼樣為自己而活。

你長大之後還願意跟我們一起出去玩嗎

看到一段影片，一對一直擔心自己是不是好父母的爸爸媽媽，孩子天真地給了他們暖心的肯定。他們的情緒突然一個轉折，對孩子說：「等你長大我們能不能當好朋友？你長大之後還願意跟我們一起出去玩嗎？還會跟我們聊天嗎？」

有那麼一剎那，因為關係太過美好，所以突然很害怕失去。這種感覺，我已經經歷過很多次了。我相信不只是我，許多父母親，許多在關係中的戀人，或者已經磨出革命情感的朋友，大致上能明白這種感受。

只是，這個害怕來得太強烈，一下子我們沒有心理準備。所以該放手的時候，我們的手還緊緊抓住，不知道怎麼了，就拉扯成了傷口。

我想到最近我看到的一則新聞，新聞中的媽媽講到自己的孩子，從國中開始就四處亂跑，後來索性不回家。同一則新聞裡的另一個媽媽，則說不知道孩子在做什麼，不知道她到底交了什麼朋友？

因為工作的關係，我對家庭裡發生的事會特別注意。我大部分面對的朋友，對家庭的想像，偏向一般中產階級的樣子——有爸爸媽媽，或者爺爺奶奶，然後大家每天回家，雖然偶有意見不合，但是畢竟都是一家人，吵架之後都可以和好。

不過，只要我們願意睜開眼睛，我們會發現很多種不同家庭的樣子。

有單親家庭中的孩子，回到家之後就是一個人，孤獨地面對滿室的靜默（連電視都不見得有），等媽媽夜班回家了，孩子也睡著了。也有孩子回到家，要面對有心理疾病、卻又是她主要依靠的奶奶，一邊照顧她，一邊又可能會突然發狂式地罵她。相對來說，孩子回家之後，親子不講話的狀況，好像就不算什麼了……

孩子長大之後，不見得會想要當父母的朋友，甚至也不想當孩子。這個社會的誘惑太多，有時候也不是父母就一定能擋得住什麼。我們常把父母想得太偉大了，最近碰到一個孩子，衝撞父母的力道，大到我都不知道他們還能承受多久。

孩子會離家，父母會傷心，孩子獨立了，父母卻還獨立不起來。守著一個家，眼巴巴盼望著孩子回家，怕孩子在外面受傷了、碰撞得累了，還有一個地方可以休息療傷。有時候，也沒想到孩子就這樣振翅高飛，有了新的家，回到老家，竟像是客人。關係回不到從前，那個奶聲奶氣給父母暖心肯定的孩子，可能從此只活在父母的心間。

其實，有些父母因為生活忙碌，孩子不是自己親自帶，連孩子長大的過程都沒辦法陪伴。那種遺憾，再怎麼深刻，可是也迫於無奈。

一個人懂得找回自己的平靜，有個屬於自己的追求，才算長大。不管是父母，或者是孩子，都一樣。

以前才不只戰這樣

他前陣子說，跟女友吵架了，說是女友講了過分的話。前幾天說，又和好了。他給我留了一句話，「我以前才不只戰這樣」。

我實在不懂他的用詞，他於是不嫌囉嗦不嫌煩地，解釋了「戰」這個字，就是「戰鬥」的戰。簡單來說，就是只要誰惹他不高興，冷戰、熱吵他都奉陪。

我問他，對女友也這樣嗎？她到底是說了什麼？

他說，就是因為她是女友，他才收斂一點，要不然是別人，一定搞得更難看。至於他不高興的原因，就是女友在他買東西的時候，說「我覺得你在浪費錢！」，他覺得她當著老闆的面這樣講，讓他很沒面子。

他講完詳細的狀況，說實在話，我也覺得他浪費錢，不過，這不是重點。重點是，用戰鬥的態度在面對親密關係，這個成熟度有待提升。

親密關係裡面，表達情緒是常態，我們要給對方表達的機會。然後，我們也要學著表達我們的情緒，讓對方有機會了解我們，這可能是種權力，更像是義務。如果要經營親密關係，不是只有形體上接近，心理上也要夠靠近。雙方要連結得深，要懂得相互交換心情。

「那她為什麼要讓我不高興？」他好像還是分不開來。

她表達她的心情，不見得是要他不高興，這兩件事雖然有相關，不見得是同一回事。他不喜歡她的表達方式，可以談、可以調整，但直接把她表達的情緒，想成是要故意讓他不高興，這兩者立刻劃上等號，這樣跳太快了。

如果他是用這種方式思考，那她以後可能會讓他不高興的事，是不是都不能講？以後在一起久了，新鮮感退去了，他是不是會讓她「更難看」？

那我們將心比心，那以後他講話，只要他講到她不高興的地方，是不是就不能講？我們怎麼可能保證，我們講出來的話，對方聽在耳裡都會順心呢？

如果是親密關係，連這種挫折都要用戰鬥模式面對，那怎麼給得出信任？對方又怎麼可能相信，這段關係可以走得長遠？

他大概覺得我故意惹他生氣，久久才回一句話，「那要怎麼做？」

首先，他不高興的點，要跟她說清楚就好，不必要的情緒話少說。然後，他如果自己不覺得是浪費錢，要提出自己的理由，讓對方有機會多了解他，藉此多探討彼此的價值觀。兩個人相處，要知道有沒有未來，這個動作很重要。

不管是不是能認同對方的價值觀，也要大概找出一個可以妥協的方式，讓雙方在情緒上都還能接受的底限。最後，尤其像是雙方在情緒都不是太愉快的情況下，就更是要找機會，讓雙方在其他地方，還能經營出正向的感受。

在關係中不是每個問題都能解決，但讓雙方找到還願意繼續留在關係裡的理由，是經營關係的重點。有某個議題卡住了雙方，有時候關係還可以繞道，一樣可以找到美好風景。

他後來就沒回我了，我也沒再多說什麼。也許年輕人就是要多經歷幾段關係，才會多少了解我在說什麼。不過，或許我說錯了也不一定，或許他一輩子都無法了解我在說什麼，也有可能……

從情人變家人

陸陸續續有幾個朋友跟我談到，他們的情人，希望在有另外的情感歸屬之後，期待他們將情感昇華為家人。這真是個美好的說法，把朋友們都困住了，不知道該怎麼面對這樣的局面？

聽起來，像是在愛情被迫失落之後，還要求他們像家人那樣持續付出，別停止他們曾經給過的好。既要他們優雅的退場，不吵不鬧地，不能以道德的理由怪罪譴責，又要他們持續給予支持跟祝福。這算盤實在打得很精，好處全拿，壞處全由他人承擔。

有一位朋友還談到，他的前任跟新的情人之間的互動，還會回頭來找他聊。他不知道，扮演工具人這個角色的時候，是要一直裝得開開心心的？還是要坦承自己沒有肚量，扮演不了無條件支持的「家人」？

其實，在沒有進入婚姻的狀況下，不是情人，最多就是朋友。所謂朋友，在界線上會更明確，要更互相尊重與支持。少了互相，只是用家人的名義，單方面要前任給予持續的支持，像以前那樣體貼友善，這很接近剝削。

真正的家人，關係也常充滿緊張，時不時還可能口角。少數的家人還會變成仇人，相互傷害、殺害，這在社會新聞上就看得到。

如果心甘情願地扮演工具人，只希望對方幸福快樂，還持續給予溫柔與耐心的傾聽，真的能因為對方快樂自己就快樂，那真是心胸非常寬大，很成熟的境界了，這是往聖人的方向邁進。可是，跟我互動的朋友們，很明顯是不知道該怎麼面對情感的背叛，又知道自己的情感還沒全然放下，不想撕破臉，那種不甘心又矛盾困惑的糾結，讓他們進退兩難。

通常，一個凡人如果持續被利用，很自然地會期待對方也相對付出什麼。然後，情緒會一直堆積，最後，當認清自己不太可能得到對方心裡的某個位置，甚至被嫌煩厭惡之後，這些情緒一次爆開，很可能傷了對方，也可能讓自己走上了懸崖，一失足就難以挽回。

如果不想發生這些遺憾，最好還是讓互動先停下來。要想清楚到底接下來該怎麼做，可以先保持距離，冷靜一下。既然不是情人，就暫時停止付出，正大光明。如果對方真的從此不再互動，那對於我們也是一種解脫，早一點認清也好。如果發現自己實在放不開這段關係，還是先試著退回到友情的層次，有相互、雙向的交流會比較好。

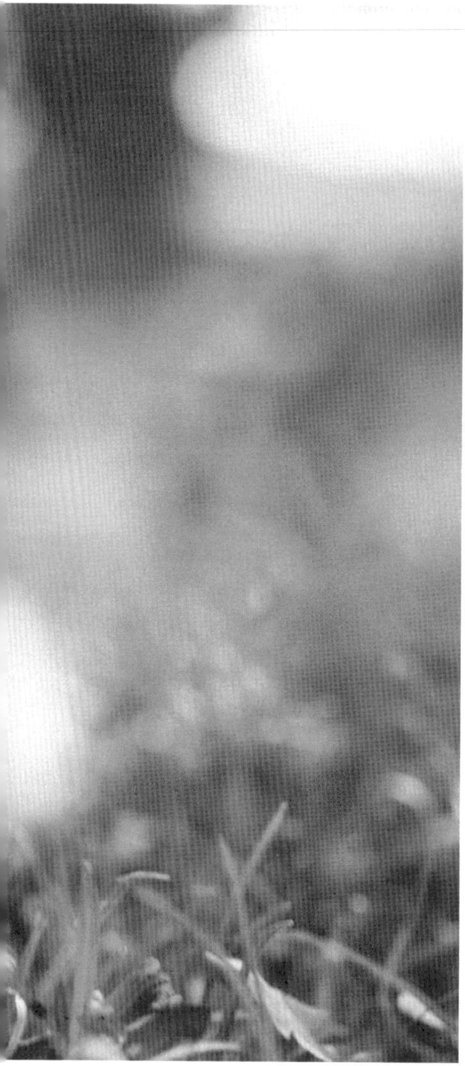

然後，試著讓自己更好，試著充實自己，找更適合自己的工作，交新的朋友。這個歷程能幫助自己釐清一些感覺，或者重新肯定自己的價值，比一顆心全繫在對方身上，要好得太多。

有時候只是不習慣，或者不甘心，不能把這些都解釋成還愛著對方。感情沒有對錯，但對方欺騙背叛，我們有理由保護自己。欺騙背叛，有一就可能有二，我們能做到不怪罪就已經非常了不起了，不需要用非常高的道德標準來要求自己。

承認自己的痛苦，是走出來的開始。跟對方把事情講明白，對方出軌是事實，在這個共識上，才有進一步討論友誼的基礎，不能把傷害模糊化，這樣的關係不真誠。

讓我們懂得，在關係中更能體察對方的心，也教導對方懂得珍惜，這本來就是維繫關係的重要動作。而不是只讓對方愛上我們的殷勤，那也許我們這個人本身，就容易被忘記。

他為什麼不像其他人一樣

她跟我抱怨，男友很無情。她說：「我受傷的時候，他都不會關心我！」

同理之後，我開始澄清，我問：「他做了什麼，讓妳覺得他不關心妳？」

「就我跟他講我受傷了，他喊了一句『心疼』，然後就繼續吃他的東西。然後我就跟他講，只有這樣嗎？他也不回應！」

我問：「是怎麼樣的傷？妳自己可以處理嗎？」

她說：「就切到手指啊！我自己可以處理。可是，重點不是這個，他應該要『立刻』、『馬上』來表現出很在乎我的樣子！」

「所以他只講了『心疼』，什麼都沒做嗎？」

「是有啦！他後來幫我消毒，看我有什麼需要，會來幫我的忙。」

「這不就是關心嗎？」

「消毒是我請他幫忙的耶！重點是，他為什麼不像其他人一樣，好好當個情人。所以我就講他，無情、冷血，在一起之後，就差很多！」

「以前也發生過類似的事嗎？」

「有啊！以前他就提醒過我很多次，刀子要怎麼用，而且還示範過，但我就是要按照我自己的方式。但這次連立刻、馬上過來看都沒有！」

「所以，妳心裡有個設定，『跟其他人一樣』，所謂的跟其他人一樣，就是要按照妳設定的標準，立刻、馬上，表現出很在乎妳的樣子。不管他後續做了什麼的動作，就不算了，是這樣嗎？」

「當然還要看他後續做了什麼動作，讓我滿意就可以啊！」

「怎麼樣可以讓妳滿意？」

「就是要馬上來關心我啊！我會氣成這樣，都是因為他！」

有時候，當事人對自己了解不深的時候，對話就沒辦法很順暢，常一直繞，邏輯矛盾。自覺不夠，常把自己的情緒，丟給身邊的人承擔。常用情緒講話，理智比較少拿來用，在關係中就難進行溝通。

她真的停不下來，我沒辦法打斷她的思緒，只好順著她的情緒走。一件事、兩件事、三件事……開始一直延伸，把她男友講得糟糕透頂。然後，又開始比較，他對誰比較好，對她就不好。

唉……她這種思考模式，實在很難就事論事。她的很多情緒，就是在她的內心小劇場中，自言自語累積來的。開場是她不顧男友經常的提醒，切到自己，結果一番自言自語之後，變成了男友不是好情人，說不定，還懷疑他已經劈腿了，只是沒說出來。

這是一種思考方式，有些當事人常用這樣的劇本生活。我可以提供另一套劇本，只是在當事人原本的劇本裡再加上一個動作，不那麼難。

在當事人開始讓自己的情緒延伸的時候，請暫時停止。或者說，大腦不用抗拒各種想法，讓它們出現，但是同時調整呼吸、放鬆肌肉，開始靜心的動作。不知道怎麼靜心，開始運動也可以，瑜伽也好、伸展也不錯、跑步也可以。真的都不會做、做不到，上網下載國民健康操的影片跟著做，這連小學生都做得到。

榮格曾說：「你所抵抗的，會持續存在。」

所以我們需要有新的可能性，而不是一邊抗拒，其實又一邊持續。一邊想要自己心情好一點，卻一邊擴大自己的負面情緒。

讓事實還原，讓真相說話。

這樣只能讓負面情緒止住而已，算是停損，沒辦法讓關係因此變得多親密。可是，以我的經驗來說，光這一步，很多人就做不到了。

如何經營親密關係，上網查就找得到，還有SOP，步驟一、二、三……我自己也寫過類似的文章。重點在有沒有心，只想輕鬆享受，不想花心思經營，改變自己，我也碰過這樣的狀況，對方EQ好，關係還是可以持續。不管是王子，或是公主，都能活在想像的城堡裡，只是這樣的比例少，而且看似享受，其實被動。只要持續付出的那一方開始停止，關係很快就面臨危機。

她講到最後，顯然只想宣洩情緒，她還是把改變的責任，放在男友身上。當事人有她的堅持，我通常尊重。其實也沒關係，她男友能接受就好。

她給的愛藏著大量的焦慮

「怎麼做個讓女朋友有安全感的男人？」

講到女友沒安全感，他舉個例子。有一次跟哥們出去吃東西，沒有其他女生，聚會很開心，感覺那陣子的工作壓力都沒了，整個過程回來也都有轉述給女友聽。本來他覺得這會讓女友有安全感，出去回來就報備是一種很乖的表現。但是越講越不對勁，女友開始說，「有需要這麼開心嗎？」、「我不在你很開心對不對？」、「我們分手是不是比較好？」……

我跟他說，對關係的安全感是兩個人一起建立起來的，如果是對方的個性問題，有時候，說不定做越多，越壞事。我不了解他女友，可是，我跟他講了一個故事，是用親子關係談。

有個媽媽跟孩子的關係很好，媽媽在孩子小時候就常常跟他確認，「你最喜歡的人是誰」，孩子一定要回答是媽媽，她才會鬆了一口氣。可是突然有一天，媽媽去學校看到孩子跟其他同學玩得很開心，而在家他已經很久沒這麼開心了。

回家的路上，媽媽就開始問：「你最喜歡跟哪個同學玩？」

孩子回答了某位同學之後，媽媽就接著問：「那媽媽跟那個同學，哪一個人你比較喜歡？」

孩子沒心眼，也許剛剛跟那位同學玩得很開心，記憶猶新，所以回答是那位同學。這下，媽媽開始失落了，胡思亂想了，講了一句「你是不是不喜歡媽媽了？」也不知道孩子有沒有聽到，就回到家了。回到家之後，媽媽自己關在房間裡，跟孩子保持距離。

對這位媽媽來說，有機會扮演媽媽這個角色她很開心，她從來沒感覺到自己這麼重要過。她也很期待孩子能夠活得開心快樂，不要像她小時候那樣。孩子長大之後，她也很高興自己是最常帶給孩子開心的人，她做到了自己的期望。

這段親子關係，是她有生以來最緊密的關係。她隱隱然覺得，這一段關係能夠永恆，她永遠會是孩子心中最重要的人。

不過，孩子會長大，世界會變化。不是說她不再重要了，而是對孩子來說，他遇到的每個人都有不同的重要性，他也想發展不同的關係，然後在不同的關係裡開心。

只可惜，有些讓孩子快樂的關係，媽媽沒辦法參與。媽媽終究躲不過對自己的評價與懷疑，或許是她覺得自己不夠好，已經不是孩子的唯一。

這段親子關係是媽媽滿足自己的最重要來源，可是對孩子來說，慢慢已經不是這麼一回事了。如果媽媽沒認清，又不想建設自己，發展與維護其他關係，學習讓自己開心，那麼，媽媽就會開始折磨自己，也自然而然折磨到她身邊的人。

這媽媽給的愛，裡面藏著大量的焦慮。

他聽完這故事，笑著說自己領悟了，沒其他問題了。我不知道他領悟了什麼，但我謝謝他讓我覺得自己很重要。也或許，他女友也希望他常常讓她覺得自己很重要，又或許，他知道他沒辦法常常這樣做，沒辦法全然滿足女友的需要。

都好，在情愛關係裡面，能持續，就是一種祝福。沒能持續，那也是在練習怎麼在將來更幸福。平常心就好，愛得太辛苦，難長久。

我們有了更在意的事

最近跟一些朋友們談，到了一定的年紀之後，我們不是不再注意外表了，而是我們有了更在意的事情。我們知道了如何去接近我們想要的樣子，那有時候是內在的，不是外在的。

外在的事物，社會要求的，不是我們想要的，差不多就好了，已經慢慢抓到了一個平衡點。有些內在的事物，像是關係與平靜，很抽象，不經一番閱歷，不容易懂得那是什麼。

有些人一直到老，可能都搞不懂，關係與平靜對一個人如何重要，或者即使知道重要，但就是接近不了。所以，我們追求的，漸漸地也不見得要別人懂，很多時候，也不一定要說，到這樣的境地，我們就更隨緣自在了！

關係與平靜很抽象，講來常常落於空泛，特別是要使用文字去傳達的時候。即便每篇文章的重點不見得一樣，但看起來都很像。

最近有位家長，講到孩子很在意朋友、渴望朋友。我有時候想，不知道孩子什麼時候能成長到明瞭，原來關係常是共通的，有些深刻的東西，家人也能給，而且還給得更多，但是我們自己要懂得感受。

在關係裡面能長久的，不是那種透過培養社會關係、人脈來獲得的利益，不是那種進入角色的新鮮感。而是相互陪伴，所體驗到的安全感，在低潮苦難的時候，了解彼此的溫暖。

我們沒有成長，就感受不到，所以我們一直覺得匱乏與不足。問題出現在我們內在，可是我們一直往外找答案。

習慣了，厭煩了，所以覺得沒什麼了不起。沒有學到新的眼光，就算別人覺得我們擁有的是寶，我們只當成是雜草！

想讓他知道失去我的痛苦

聽到一個故事，女主角正徘徊在兩段關係之間。她好不容易跟他在一起，但是幾年之後，生活沒有想像中美好，偶有衝突。目前在新的職場遇到對她有興趣的男同事，兩人正在曖昧中。

我聽到一句話，讓我有些警覺。女主角說：「想讓他知道失去我的痛苦！」

這個想法，很接近報復。也許他曾經讓她不高興，所以她也想要出一口氣，來平衡一下。這也像是賭氣，不過，賭氣常在爭一時，並不長久。

不管進入一段關係，或者離開它，我們通常不是為了讓誰痛苦，而是期待雙方藉此獲益。她如果清楚她自己要的是什麼，那麼，要選擇進入一段新的關係，主要還是為了滿足她自己的需求。

我們需要面對恐懼，才能盡心愛一個人。我們需要面對失落，才能靜心去接納他。

決定跟一個人相處一段時間，我們會冒著種種風險，愛一個人，常要給很多信任，常要顯示自己的脆弱面。那麼，對方想要傷害我們，也可以輕易地給我們一個重大的打擊。

然而，進入一段關係之後，兩個人的缺點浮出水面，開始彼此磨耗。我們如果沒有坦誠面對自己的不足，不願意面對關係裡的不完美，越是逃避，越會放大我們的需求失落，然後開始尋求被滿足的可能。

這時候，一段能彌補我們需求失落的新關係，就顯得非常誘人。不過，我們得要小心，那主要還是因為我們把注意力聚焦在沒被滿足的需求上。已經被滿足的部分，那可能跟對方曾經付出的努力有關，很可能被我們視為理所當然而忽略。

在一段關係裡面，我們獲得了與失落了什麼，需要經過一番內省，才能明白。能面對我們的失落，才能去談接納對方。不過，我們的失落，可能源自於原生家庭，也可能要靠我們自己，對方能努力的部分說不定很有限。

然後，一段關係是互相的。我們怪對方沒來滿足我們，那我們有想著要去滿足對方嗎？如果我們在關係裡，總是要優先被滿足，那下一段關係會不會也是這樣？難道，下一段關係還是覺得不夠滿足，還要繼續找下下段關係嗎？在這樣一段又一段的關係裡，到底在我們心裡積累了什麼？

如果沒有成長，沒藉著關係認識自己。那麼，我們累積的，無非是一個又一個傷疤，許許多多沒有癒合的痛。

攻擊是最佳的防禦

她對著朋友說，孩子不要誇，誇就會自滿，從此不長進。我晃一晃我的腦袋，眨眨眼睛偷偷看著她，想說我是不是在作夢？以她的年紀來說，怎麼會裝進這麼古老的想法？難道……她被附身了嗎？

我好不容易從驚嚇當中醒過來，又突然在某段話裡聽到她講一句：「對男人也不能太給肯定，要讓他知道，男人對太太好、對家庭好就是應該的，好都是理所當然，不好就要自己檢討……」

這……我只是一旁等便當外帶的第三者，沒立場多說什麼。她講得很得意，那種感覺，恍若女王從天而降。

簡單一句話，不管孩子跟先生怎麼做，對她都不夠好，至少她不會表現出來。或許，她希望先生跟孩子，永遠只有好還要更好。

至於她自己呢，夠好嗎？我不知道！說不定，她覺得只有自己很值得被肯定?!不要誇、不給肯定，只要表現，怎麼樣都不夠好，通常這樣的操作，容易讓人挫折。而且這樣要求先生跟孩子，自己對自己有這樣的要求，在生活中的大小事能精益求精，對人對己標準一致嗎？如果只是單方面要求其他家人，自己不用，那等於沒有身教，或者只想接收不想給予，被要求的人容易氣餒，效果不長久。

我們透過關係去要求對方，對方如果願意配合，常常都是還重視這份關係才願意努力。有任何表現，通常都是付出了某些心力、體力、腦力，才換來的，不是理所當然。努力被視為應該，關係就容易受到傷害。

我遇到很多孩子，做得到，家長就會繼續要求，越來越貪心，不知道該收手。等到孩子情緒出問題了，有心理疾病了，親子關係弄僵了、決裂了，或者用激烈的方式離開這個世界……有部分家長會遺憾自省，有部分還會怪罪孩子為什麼那麼脆弱？

我們之所以要誇獎、鼓勵孩子，其實是以教育孩子為出發，清楚告知孩子，怎麼做對他自己好。他做了對自己好的事，我們就高興；他懂得維護關係，營造雙贏，我們更歡喜。

然後鼓勵孩子去面對挫折，用正向的心情與力量，讓孩子接受挑戰，減緩負面的衝擊。孩子藉著誇獎、鼓勵，能夠真心認同一些行為模式，從他律變成自律。

對配偶、情人，也很相似，關係中難免有磨擦。我們謝謝對方的付出，我們表現出我們的喜悅，關係會比較密切。關係能維持，常是因為還有正向的情緒流動，而不是因為要求。

對人、對關係，常常是平衡比較重要。有要求，也有放鬆，情緒有正也有負，身心兩方面都兼顧，活著會比較有意義一點。

會不會是一直要求別人，把討論的焦點聚焦在別人身上，自己就可以減少被檢視的機會？因此可以感覺輕鬆，因此可以弄得好像別人錯一堆，自己沒有錯那樣？

有，我有遇過這種狀況。就有點像是：攻擊是最佳的防禦。辯才無礙的人、影響力大的人，比較佔優勢。

不過，對家人進行攻擊，連自己也會一起倒楣，根本搞錯情境。

收手吧！將心比心，要求家人要做到的，也來要求自己，就會知道不容易。懂得鼓勵、肯定、感謝，會比要求與攻擊，快樂或平靜很多。

然後，不要怕面對自己的錯誤與不足，面對自己才會有進步。家庭不是擂台，真要論輸贏，通常只有一起贏，或一起輸，這樣而已。

肚大能容

這是輾轉聽來的故事。

這幾年，是他們家族分家產的關鍵時刻。他最得父母信任，所以他太太一直希望他多爭個一、兩百萬，兩人常為此口角。

他之所以獲得父母信任，是因為他處事公允。公平就好，其他則不是太計較。但是他太太，似乎看到眼前的利益，動了貪念。

她的理由是，「要給孩子美好的未來」，將來不管出國留學、學才藝、創業，都用得到。但是他知道，他太太很想出國旅遊，出國就想 shopping，她一直想買iphone、名牌包包。「想過好日子」，這是她以前說過的話。

他們家是很少出國沒錯，但是生活其實過得去，是一般小康人家。但是他太太不是只有跟他吵，還煽動孩子，這點讓他相當受不了。

根據她的說法，跟他在一起都是過苦日子，還讓孩子跟著一起吃苦，指責他沒用、軟弱、不負責任……。他心想，奇怪，以前也沒聽她講，現在就開始講這種話。他很討厭太太這種狀態，他也為這段日子以來，太太種種的否定、不滿而挫折。

他的心情是：人為財死。還沒分到什麼，他先被他太太弄得少了幾年壽命。太太沒跟他商量好，就對外說出口的話，更是影響了家族情感。

簡單來說，能做決定的人是他，但是他太太想用「精神戰力」讓他屈服。兩個人在比意志力，他壓力很大。

他基本上是陷入兩難的局面，做什麼決定都會得罪人。可是，如果聽了太太的話，他先得罪的人，就是自己，有時候，這比得罪別人還嚴重。

為了個人私慾，就拿關係出來對賭的人，真的有機會滿足私慾，也不見得會真的多珍惜關係。連孩子都煽動，那很可能是把私慾，看得比孩子跟爸爸的關係更重了。

常讓我們為難的人，通常不會是很為我們著想的人。

對金錢的執著，在家庭中常常侵蝕著家人之間的關係。以最近的新聞來說，甚至為了金錢可以傷害家人，即便衣食無虞。

他要度過這關，在情緒上不能隨太太起舞。溝通當然不能少，即便他如何鄙視他太太，理解與尊重還是很重要。千萬別在孩子面前罵媽媽，跟孩子說明自己的處境，爭取孩子的認同，這一點不能忘記。

他如果真的有自信，自己是為了整個家族和睦著想，那就可以試著展現接受否定的雅量。他過去的付出，雖然被最親近的人否定，那也不見得是真話，當成言過其實的「氣話」，會比較好包容。

我們常常是先否定自己，別人的否定才這麼容易影響我們。

如果心力夠，還可以先謝謝太太這麼為家人著想。

肚大能容，了卻人間許多事，面對複雜難解的家事，更需要這樣的修養。

親子關係我看很淡啦

老人家用台語跟我聊，有時候我很喜歡聽道地的台語，遇到我比較不懂的發音與用法，我會在心裡多念幾遍。我也喜歡聽一聽上一代關於教養的講法，多聽幾個人說，刻板印象的影響會少一點。

「親子關係我看很淡啦……」

她的講法讓我覺得很新鮮，她先坦承，可能跟她本身跟她媽媽的感情不好有關。她不是用「親子關係」這四個字，可是，這四個字是比較接近的意思（我對於台語書寫成文字表達的功力還不夠）。

她說她很獨立，從小就要做工，不靠家裡。家裡窮，沒什麼溫暖，就是大家各過各的日子，偶爾拿錢回家，這樣而已。

所以教孩子她的原則很簡單，把孩子當成朋友，她有能力就幫忙，其他不干涉，孩子要怎麼樣就怎麼樣，很少打罵。別人的眼光她不管，公婆會講話，她也是應付就過去了。

我說，教小孩，以前就是覺得要打要罵，其實現在的看法，也不見得一定要這樣。而且，還有一種教法，叫做身教，就是直接做給孩子看，我記得她好像很喜歡去上課、參加活動？

她說，對啊！她算幸運的，有免費的就去聽、去參加，家裡也沒什麼意見。她也找孩子一起，有話題可以聊。

其實，她沒有很在乎自己這個媽媽有沒有當好，就是尊重就好。她看不慣，講一次就好，要聽不聽，隨便孩子。

她開玩笑地說，她比較重「義氣」。把孩子當朋友，朋友有難找她幫忙，她有能力，就會幫到底。所以她平常也希望朋友要互相幫忙，家裡的事，該做就要一起做，從小就是這樣，有多少能力就要做多少。

孩子現在長大了，工作很普通，能養活自己，她覺得這樣就可以了。其實大部分人也都很普通，看得開看不開而已，普通也沒什麼不好，不要做壞事被抓起來關就好。

不久前她做阿嬤了，不想整天帶孫子，但是偶爾去幫忙與關心一下，自己也開心。她覺得煩惱都是自找的，放輕鬆就好。

這樣的老人家，講出來的話其實很簡單，不難理解。但活得很有智慧，不是每個長者都有辦法這樣過生活，就算是年輕人也不見得活得那麼瀟脫。

很多社會定義的責任，她沒有理所當然地扛起來。可是，她不是都不管，是自己有能力再管，所以比較輕鬆，沒有活在別人的嘴裡（其實沒能力，管也沒什麼用）。情感是比較淡，但也因此不糾結，相處起來比較沒有壓力。

她這種作法，有點像道家的精神，無為而治。把注意力放在每天的生活，而不是煩惱。去注意她做得到的地方，而不是她做不到的地方。

她開玩笑地說，她沒有當過媽媽，但是她交了幾個朋友。這樣，好像也不錯！

慢一點回應我們的情緒

在餐館裡面，一位媽媽大呼小叫地，聲音顯得突兀刺耳。

小小孩在說話，媽媽對他喊著：「不要再說了，我很煩，你給我閉嘴！」

小小孩約莫三歲，聲音嬌嬌怯怯地述說著學校的事。媽媽這麼喊他，他雙手摀起了耳朵。

媽媽又是放大聲量地說：「你摀什麼耳朵，是我該摀耳朵吧！」

孩子已經照妳的吩咐閉嘴了，這樣也不行？

小小孩回應：「妳在對我說不好聽的話，我不要聽！」

到這邊，媽媽還沒覺察到自己的狀況。小小孩安靜沒多久，媽媽自己忍不住，又去逗孩子，動手搔他癢、鬧他，讓孩子發出笑聲，反覆數次。

不是妳自己要孩子安靜的嗎？孩子如了妳的願，怎麼妳又去逗他、鬧他呢？我認識很多家長，巴不得孩子多說一點學校發生的事，重複都沒關係。

這位媽媽，讓我想到我幫助的某些孩子——衝動、情緒化、多話、靜不下來、常干擾別人。這些孩子們長大，當了爸爸媽媽，大概也差不多是這個樣子吧！

我觀察了一段時間，發現小小孩的氣質，跟媽媽很像。雖然年紀小，講話沒媽媽那麼流暢，聲音也不大，但是話多、干擾別人、情緒化……這些狀況倒是有出現。不過，孩子年紀小，特質不見得穩定，還會變化，這要也看大人後續怎麼帶他。

這大概是遺傳與身教都有影響吧！從研究來說，如果孩子的相關特質穩定了，那麼這對親子的關係，比較容易陷入緊張，將來孩子長大了，也會有比較多的心理困擾。

媽媽對自己的覺察真的很弱，她的行為，在公共場合已經有些不適當了。她對待小小孩的方式，也過於激烈，不夠成熟。某些瞬間，我覺得這位媽媽，更像是一個大姊姊，任由自己的情緒衝撞他人，對店員講話也不是很客氣。

如果真有人要幫助這位媽媽，根據我的經驗，也會被她的情緒衝撞好幾次，才有可能幫到她的忙。她不改變，則幫不了孩子太多。

其實，每個人都有大大小小的困難，展現這樣的困難，在關係中就會是雙輸的局面。不過，真正干擾生活的不是困難，而是我們如何回應這個困難。

情緒起起伏伏，其實不稀奇，但是我們人有能力喊暫停，慢一點回應我們的情緒，甚至不回應。這個能力不練習，那就是允許情緒佔領我們所有心智，讓我們高高低低地，容易踉蹌跌倒。

媽媽要跟你說對不起

她強迫孩子做一件事，儘管孩子一直拒絕，她還是堅持，孩子只好屈服。孩子跟我抱怨，明明是他自己能決定的事，又不是因為做錯什麼事被處罰，為什麼要被強迫？

媽媽聽到孩子的埋怨，在要離開的時候鄭重跟孩子道歉：「媽媽本來以為你會喜歡，當成是驚喜，所以沒跟你商量。結果沒想到你這麼抗拒，可是我已經報名了，錢已經繳了，不想浪費。抱歉，媽媽要跟你說對不起，下次會先跟你商量！」

她實在送了我一個大禮物，也送給孩子一個大禮物。

對我來說，我知道這個過程並不容易。她本來是個尊重孩子的媽媽，只是這次事情的發展出乎意料，她一下子頭腦轉不過來。再好的父母都會犯錯，這一點我能理解。

只是，她沒有任由個人情緒戰勝理智，她還是維持了她一貫的教育。她沒有像很多父母，會開始講：「我出了錢，讓你去享受，結果你還不知感恩，真是不值得！」、「我這樣做難道是為了我自己嗎？還不都是為了你，結果你拿什麼對我？」……寧可讓關係緊張，也要捍衛自己的面子。

她願意在我面前，即使是在一個外人面前（雖然我不是普通的外人），坦承自己的錯誤，那是一種對我的信任，這種真誠的勇氣也讓我感動，這是她送我的禮物，讓我面對我的工作與人生，更有動力。

對孩子來說，她以行動讓孩子知道，他值得被尊重。他可以有自己的判斷，而且在沒逾越界線的情況下，他可以跟父母親有不同的想法。

然後，她也讓孩子知道，是人都會犯錯。犯錯之後，誠心認錯，大家的日子會比較好過，不會那麼卡，不會一直糾結。然後拿出行動，做出對自己、對他人都好的事，給彼此獨立的心理空間，不隨意干涉介入。

她的道歉，是想讓某個情緒的階段劃下句點，重新出發。有些人的道歉，不甘不願，像是「我道歉，可是你也不應該……」那彼此的情緒就沒完沒了。

她的道歉，也像對兒子的情緒包容，是肯定，而不是否定。不會像很多父母會說：「你生氣什麼?!該生氣的人是我吧！」

她送我的禮物，我很珍惜，希望孩子也懂得珍惜。

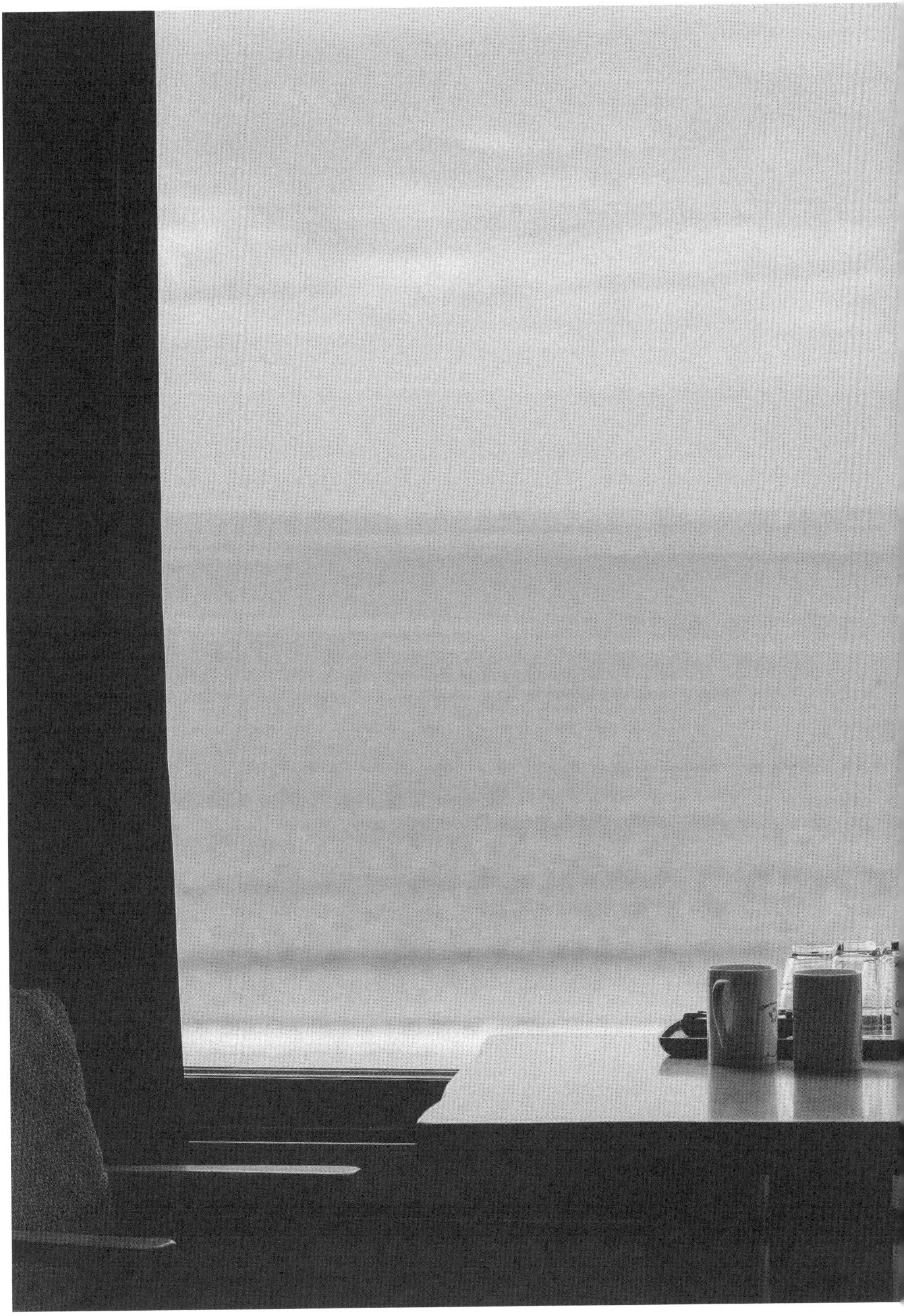

CHAPTER 4

無論如何試著愛

不一定要害怕我們的害怕

我記得最近某天周末，天冷，我戴著口罩，套上帽T的帽子，在路上走著。有一位媽媽帶著孩子走過來，看了看我，就抓著孩子的手，恐慌地避開我，快步離開。

我當時精神沒那麼好，或許那位媽媽看我兩眼無神的樣子，判斷我有一些危險性。我一則因為被誤會，感到有些冤枉，二則又由於很能體會媽媽的心情，而有些無奈——對無常的無奈、對某些苦難的無奈。

孩子就這樣如同日常地享受著日光，怎麼也想不到，危機離我們這麼近。

今天第一時間，就從同事那裡，聽到了駭人聽聞的新聞事件，那時我還反應不過來。沒多久，我帶著孩子趁著日光，到河濱公園騎腳踏車，才有緩緩地一股幽幽的怕，在心底醞釀。

河濱人多，看起來都良善安詳。不過，孩子往前跑，我就追，不敢讓孩子離我太遠。即便今天右腳底板痛風，跑一步就痛一次，即便公園空曠，陽光燦爛，跟危險是那麼不搭，我還是不敢離孩子太遠。

難得的晴天，我不想把孩子關在家裡，我希望孩子感受綠意、讓身體跑動。可是我又怕，不知道什麼時候，那孩子的遭遇會被我碰上?!

因為愛，所以怕失去。我沒那麼灑脫，我也怕失去，這害怕讓我動員身體的能量，去保護孩子。所以，我感謝我的害怕，讓我盡可能去採取行動，想降低它。

情緒一來，我會聽清楚，它想告訴我什麼。然後，問問它，「我還可以做什麼？」

很多事，我都沒答案，某些事的發生，即便機率低，仍然讓人不敢放心。我希望孩子大了，約莫國小中年級，就能自己走去離家不遠的學校。可是，萬一我沒在旁邊，發生了什麼事……

不過，那個電光火石的剎那，我在旁邊，又能阻擋些什麼？

我怕那位媽媽的自責，或者其他旁人不理性、不諒解的眼光，會讓她想力圖鎮靜，都有罪惡感。不只是媽媽，這半年、一年，甚至更久，孩子的其他家人，認識孩子的街坊、同學家長、老師，經過那個路口，有沒有能力去面對那生命中最強烈的質問？

這段時間，面對哀傷的人，就是陪著、尊重。「看開一點！」這種安慰，就不用了。好像發生這種事，能這麼輕易就看開一樣。

這段時間，相關的家人，會不斷浮上跟孩子相處的各種畫面。有些家人也許想到就流淚，有些家人則會以故作堅強為暫時的防衛，在沒有人注意的時候，試著獨自消化那難以承受之重。哀傷沒有一定的樣子，別用公式套住它。

陪著，一起懷念也好、一起流淚也好，有什麼事，徵詢當事人同意，能幫上忙都好。不用叫哀傷在很短的時間離開，那只是把它壓著，然後它會趁我們不注意再冒出頭來。

我們不一定要害怕我們的害怕，讓害怕來、讓害怕停留。我們不是非得要告訴自己不要胡思亂想，想那些「如果孩子不在了，我該怎麼辦」的想法。想法就是會出現，跟它對話，有時候會想清楚一些事的意義。如果越想越痛苦，就試著放鬆，活在當下，把注意力放在感官，體驗此時此刻身心的細微變化。

別把我們的痛苦焦慮，無意中傳遞到孩子身上，想緊緊抓牢孩子。這樣做，讓孩子也焦慮了，年紀小一點的孩子，還會不知道自己被父母引發了焦慮。

這幾天，容許我們當家長的人，活在害怕當中。這種事，很難習慣，我們只能一起學習，寫好這些人生沒有答案的申論題。

在驚恐之後，我們為自己做了什麼努力

朋友很懇切地想知道，在這幾天的新聞過後，她還能做什麼？

社會上的事，常吸引著我們的目光。注意力向外，收不回來，我們就很容易忽略自己身邊根本而重要的小事，與每天日常的生活。

像是，其實我們都明白媒體新聞這樣報導，模仿效應就容易出現。可是，即便社會觀感不佳，媒體還是會繼續這樣做，甚至我不小心看到一個新聞評論節目，竟然把過去類似案件，重新回顧一遍，還繪聲繪影加上案發現場的鬼故事。

想把收視率極大化，也把恐懼極大化。社會工作，那是長期且集體的改造。我們個人要注意的，還是回到身教的角度來談。個人模仿新聞，孩子模仿父母。

我就舉個最實際的例子，以前在類似事件發生的時候，我跟家長、小孩提，我也在網路上寫過類似的文字——為了孩子，或者為了自己，要節制收看新聞的時間。可是，我實際跟孩子們確認，還是有孩子說，平常只要一回家，大人「就會看新聞」，那段時間也不例外。從孩子的講法來判斷，可能是大人在家多久，新聞就開多久。

然後孩子還說，大人一邊看新聞一邊罵，還會教訓孩子，「如果你不乖，以後就會變得跟他一樣」。直接把孩子的行為，拿來跟重大的犯行對比。不但是嚇小孩，甚至我覺得很接近「詛咒」了。

我們譴責社會上發生的嚴重暴力行為，那我們自己對家人、對孩子的肢體暴力、精神暴力、言語暴力，該不該重新思考呢？

即使知道這樣不好，還是忍不住一直做，像是關掉電視這麼簡單的行為，都做不到，這是什麼身教？個人的慾望不斷戰勝理智，在教養孩子的時候，會不會也是這個樣子？

從社會回到個人來看，那麼就會化為我們的一言一行。對自己，能不能學會調整心情？對家人、對孩子，能不能自然地關懷與陪伴？

如果罵別人罵半天，回頭看看自己的家裡還是烏煙瘴氣，那這樣一直罵，有用嗎？還是我們只是藉這個機會想宣洩，並不是真心想改善什麼？那孩子從我們身上，又學到了什麼？

待人處事的基本功，那是要不斷學習，重大的事件發生了也一樣。面對情緒、面對自己，我們常要主動因應，而不是被動適應。

既然覺察到自己心情波動了，有沒有從自己的心裡把「快樂法寶」拿出來用？快樂法寶是我跟孩子們用的詞，用在大人身上，會比較像是「平靜法寶」。也就是說，我們平常有意識地去注意與蒐集，會讓我們身心平靜的活動，然後在遇到會影響心情的事件，事前或事中就開始執行。

舉例來說，我這幾天，跟孩子出去曬曬太陽、在公園走一走。有些人可能是泡熱水澡，或者運動，或者塗鴨畫畫，或者閱讀聽音樂，或者靜坐內觀，或者跟好朋友聊聊天，或者寫寫日記……

如果您這幾天心情一直不平靜，又什麼都沒做，那我現在就要代替月亮懲罰您。懲罰您趕快去做一件讓您自己平靜的事，然後說說看，您為自己做了什麼努力?!

PS. 咦……我現在是美少男戰士的概念嗎？

PPS. 等一下會忍不住想滑手機嗎？不如閉上眼睛深呼吸，這樣也可以！

哀悼是一件私密的事

「為什麼她會那麼冷靜？」

在公共場合聽到旁人講了這句話，還引起了一番對話，我心裡有些不是滋味。我心想，「為什麼她喪失至親的苦痛，一定要『表演』到位，讓大家都知道?!」

她可以默默難過啊！她也可以先把事情處理到一個段落，再容許自己難過啊！她可以用許許多多不同的方式，包括用冷靜，表現自己的哀悼啊！為什麼一定要在大眾面前公開自己的情緒，好像要讓大家「滿意」一樣？

我想起一位朋友，曾經告訴我的一段經歷。那是他認識的一位朋友，用很激烈的方式離開這個世界。他母親告訴他的時候，彷彿她已經準備好了一樣，雙眼盯著朋友的臉，想要捕捉他的每一絲情緒。

他說，他媽的習慣，就是到處說長道短。她大概把這件事當成了一個好機會，設計了一個情境，要等著捕捉他的反應，然後到處散播議論。

他坦承，說實在話他很難受。可是，他媽一副看笑話的表情，臉上帶著微微的興奮，在那種情況下，他看了實在很難不嫌惡。他的情緒，很自然而然被他媽那張緊盯著他的臉給壓住了。他媽看他的反應似乎不到位，就一直不斷逼問：「你是不是很難過？」

他沒回應，她就繼續說：「你是不是很想哭？」好像他不哭，她就不打算收手那樣。他還是沒回應，他媽又說：「你說話啊！人家問你，你要回應，你這樣不講話，很沒禮貌！」

他說，他只好回答：「我很難過！」然後臉別過去，默默地流淚，不想看她。她就假意安慰：「不用這麼難過啦……」然後帶著一副滿意的表情，很快地去做她的事。連安慰都那麼虛假，不願多做停留。

他描述這件事的時候，正在情緒中，所以說了不太好聽的話，「你說，我媽是不是很『變態』？她竟然是用這種事，來滿足她自己耶?!」

這種消費他人的心態，即使是過世的人，也不放過。不要說是他媽，現在的媒體，不是常帶頭這樣做嗎？

他從小在這種環境長大，他的情緒如果沒表現到讓他媽滿意，他媽就會罵他、損他。像是說他冷漠，說他都不關心，說他自命清高……

我在臨床上，也會碰到類似的狀況。大部分家長，是真正抱著關心、擔心的態度，怕孩子的情緒沒表達完整，沒辦法及時伸出援手。但也有少部分的家長，單純是覺得孩子的情緒「很奇怪」，跟想像中的不一樣，「沒有同理心」。

情緒沒有公式，對很多人來說，情緒是隱私。像我跟一位小女生很聊得來，她幾乎對我知無不言，但是過了幾年，她快接近青春期的時候，開始對我有所保留，有些話題會碰到鐵板，「那是我的秘密」。她偶爾快忍不住想講出來的時候，一逕傻笑，就手摀著嘴，自我克制。

情緒很需要被尊重，即使我不知道那是什麼情緒，我也尊重。我很少逼問什麼，逼問是一種不是那麼尊重對方的態度。

如果情緒來了，當事人其實也很難擋。如果情緒還沒來，也不用硬要逼出來。在進行治療的時候，會用故事、演劇、繪圖、音樂、舞蹈……想辦法幫助當事人表達卡住的情緒，但那也要在當事人有動機的時候進行，要尊重當事人的意願，情緒的流動會比較順暢。

有些家長或長輩，很喜歡操弄孩子的情緒，常見的手段像是騙小孩、逗小孩、罵小孩。操弄人的固然被滿足了，但是對被操弄的人來說，特別是孩子，身心發展都不利。

操弄他人的情緒，有時候是為了看好戲，基本上就是不尊重人。好像他人的情緒不重要，滿足自己的情緒是優先。

我很期待看到這篇文章的朋友，願意尊重、發揮同理心，給她、給他們家情緒上的空間。我們好好整理與面對自己的情緒，那是更要緊的事。

把生氣還原成它真誠的模樣

每當發生了引發恐懼的事，強烈的憤怒就伴隨著來。恐懼讓我們想防禦，防禦的其中一種方式是攻擊，這便是憤怒幫助我們生存至今的解釋之一。

生氣的時候，我常問，我們到底在害怕什麼？

有時候，情緒一來，我們變得目光狹窄。一件事的發生，常有人、事、時、地、物，多種條件構成。可是，我們常執著著要找出一個簡單的原因，趕快讓我們的情緒有個出口。

像是大人累積了一整天的壓力回家，為了孩子拖拖拉拉不甘不願地寫功課的事抓狂。好像孩子就該承受這一整天大人的情緒，即便很多情緒的源頭，跟孩子沒有關係。孩子成了我們情緒的出口，我們還覺得理所當然。

有時候，我們誤以為生氣讓我們「感覺很好」、「很有存在感」。又或者，跟大家一起生氣，有某種好處，有歸屬感。又或者，生氣能引人注意，有人在意的是被注意，能得到認同，其實並不是那麼真誠地對待自己的生氣。

於是，我們很有可能，放大我們原本的生氣，成為憤怒。

英雄電影的公式大概是這樣的：壞人做壞事，引起了同仇敵愾，怒氣衝天。這時候，英雄出現了，讓惡人得到懲罰，喜劇收場，最好英雄能得到某些崇拜或愛情，憤怒也復歸平靜。好像能讓情緒如同坐上雲霄飛車，高高低低地，最後又讓我們得到了安慰，讓我們知道我們一切都很好、將會很好，就是一部好的電影。

我們習慣拿事情刺激我們自己，我們以為替代性地紓解，其實只是累積。發洩的過程好像很痛快，但是我們養成了給自己找事的習慣。

在現實中，情緒或許被激起、被宣洩、被遺忘。然後，常常回到原來的樣子，什麼事都沒發生過的樣子，船過無痕，等待下一次事件、下一次情緒再起。

想好好處理事情，通常不是這樣一直動員情緒。情緒本身不是壞事，但是我們

有意地扭曲它、壓抑它、誇張它，就可能造成我們自己的困擾。

直到現在，我到學校去的時候，看到孩子們上廁所，還是會有些心驚。有些傷痛我還沒忘，我也讓那害怕存在，讓它多提醒我一件事，盡可能在外別讓孩子落單。

昨天的事件發生後沒多久，孩子頑皮地把草莓醬加巧克力醬，塗在吐司上，還神情飽滿地講著「好吃」。那時看著這樣的情景，交揉著幾股情緒，淡淡地，我就讓它們那樣淡淡地就好……

晚上的時候，孩子不在身邊，情緒又強烈了起來。我看了那位媽媽的發言，突然一陣激動。我沒特別做什麼，而是體驗它們、放鬆身心，然後跟自己對話，一點一滴地寫了這篇文章。

關係還在，就讓我們學會珍惜。有一刻，我看著孩子，心裡充滿感恩，謝謝孩子來到這個世界上，我們彼此有一段真誠的陪伴。

我沒跟孩子談這件事，目前孩子知道了，也只是積累一堆情緒，孩子也沒有足夠的能力處理。我打算今天再找時間跟孩子聊聊，如果有陌生人接近，我們可以怎麼做？

孩子的年紀小，目前知道這樣，其他的事我來就好。像這麼大的事，大人們要盡更多的力……

悶著的心裡苦

偶爾就會有朋友，問到我怎麼面對工作與生活，如何切割。我這陣子的回答，是我根本無法切割。

我盡可注意生活的各種層面，活在當下，拓展深度、廣度。可是，當事人的苦，有時候像背景音樂一樣，我正在享受生活的時候，背景音樂就默默地響起。我不陷入、不放大，也不特別抗拒，知道它的存在就好，它讓我珍惜我正在進行的生活。

有時候，當事人的苦跟我自己的苦，會一下子交疊在一起，有加乘的作用。我偶爾一下子走不開，就乾脆坐下來，讓苦澀充滿我，再待它自然而然地退開。

最近，幾個孩子跟家長，都過得不太如意。那種苦，像是會在心裡炸開一樣；那種煩躁，像是想找個東西，一直抓一直抓那樣。

可是，他們的表情，要不然好像沒這回事，要不然就是強作鎮定。即便是面對我，有些人還是希望保有自己的尊嚴，不想讓自己的深層情緒浮出水面。

當事人的現在，被過去或未來霸佔，讓新的感覺難出現，讓行動變得無法動彈。表面上看起來就是很悶，裡面藏著憂鬱、焦慮、憤怒、委屈、茫然……一大堆力量強大又笨重的情緒，把人拖著很難前進。

很多時候，當事人滿腔的情緒持續堆積，有很多想不清楚的道理，不是完全沒有辦法，是因為找不到適當的人商量。有時候是情境不對，自己也沒做好心理準備。

像是家長帶著孩子來，孩子的情緒看似是我們的焦點。可是，在家長心裡面的黑洞，把家人的正向情緒都吸了進去，然而家長本身並不那麼期待，跟著我一起面對自己。彷彿孩子能好，自己就有機會改善，部分的因果被倒轉。

從他們的痛苦之中，我看到很清楚的逃避，那逃避讓我們把種種負面的情緒悶在心裡。有些是有很強的責怪，可是意識到自己在責怪別人，特別是關係很好的家人，又會讓自己有罪惡感。所以當事人不敢討論，這還需要時間去自覺，這種心理歷程，跟他們現在的困境，有什麼關係?!

只可惜，我們緣分有限，大部分是沒有足夠的時間，也沒培養出足夠的信任，願意攜手承受會不斷打來的浪。這是我的工作會面對的部分，看著當事人在苦痛之中，但當事人一直要催眠自己，其實沒有那麼糟。

然後我們就把當下該為自己負起的責任，繼續地轉移到過去或未來，成為無法愛自己的理由。跟他人有關的事無法改變，所以我們就準備好藉這個機會，不用承受改變自己的艱難與挫敗。

「我也想，但我沒辦法改！」

類似的話一直出現，這是我們自己的眼光沒有聚焦在當下如何把自己愛回來。讓自己健康、睡飽、休息、閱讀……既然過去、未來、他人不在我們的控制範圍，現在、馬上為自己做一點點好事，真的有這麼難？

「愛」是一種可以對著自己產生的情感與習慣，我們沒對自己產生正向的感受，沒有鼓勵與疼惜，即使是只做一點點，我們都會感覺困難，不過，這可能是種錯覺。只要我們願意行動，多愛護自己一點點，那麼，對自己的愛，也有機會一點點，又一點點地回來。

一點點，再加上一點點，改變不斷累積，先不求高遠。該做的事去做，該釋放的情緒也不閃躲。然後不知道哪一天，我們回頭來看，早就已經脫離了困境。

痛苦會來，也會消散。只是我們不知道為什麼，當時選擇在其中停留?!

贏不了的戰爭

本來在講小孩，她突然說要問我一個「小」問題。

她說，不知道為什麼，她爸爸失智之後，她突然沒有以前那種動力，想要好好照顧他。其實，以前家裡有什麼事，她都是跑第一，親戚都說她是「孝女」，可是她爸從來沒說過這種話，連謝謝都沒有。

也不是沒有其他兄弟姊妹，但是她一直這樣無怨無悔，其他人就當成理所當然了。有事，第一個就是通知她。不過，大家都是感恩居多，很少責怪她哪裡做得不好。

她是後來看我的書，才頓悟，可能自己是在追求原生家庭的認同，特別是她爸爸。她印象中，爸爸曾經在大家面前大力稱讚哥哥，她一直很想要知道那是什麼感覺，所以努力了很久，變成習慣。回到家就想表現，事情搶著做，好像打仗一樣，等著依戰功封賞，只是一直等不到。或許，除了爸爸之外，其他人對她的稱讚與感恩，也讓她有替代性的滿足。

那為什麼她爸爸失智之後，沒了動力了呢？

她自問自答，她還是會回去幫忙照顧，打理一下，畢竟還有外傭在。只是，開始有種勉強自己回去的感覺。也許一方面是孩子在學校過得不順，這邊也要花一些心力。另一方面，她皺起眉頭猶豫著，會不會是……她自己意識到……爸爸這樣恍恍惚惚的……她這輩子已經等不到被肯定的那一天了……

她似乎有些情緒，我看著孩子，沒多說什麼。我以為，她說要問我個「小」問題，我沒準備好是這樣重大的事，一時不知道該如何反應。

她緩一緩自己的呼吸，對著我說，沒事、沒事。我對她笑，這不是沒事，沒事的人不會這樣，她也帶著苦澀笑了。然後，我問她，不是要問我一個「小」問題嗎？

她說，那接下來她要怎麼辦？

我說，這不是小問題，這個問題很大，大到我不知道要從何講起。不過，我猜，一方面也是她思緒有些凌亂，不知道該從何問起。

我試著說說看，以前，我們可能心裡想著，「要怎麼做爸爸才會高興？」最近知道，現在不管怎麼做，爸爸都不會高興，至少不見得表現出來，所以意義失落了，一時間感覺有些空虛。不如，我們換個方式，不是要換成問「要怎麼做孩子才會高興」，我知道她現在很可能又進入這樣的狀態，畢竟孩子現階段很需要關懷。女性依據古訓，那種為父、為夫、為子，不為己、要犧牲，而感覺自己沒有價值的結果，常跟這樣的邏輯有關。

我說，現在要問的是：「要做什麼自己才會平靜？」做事前，先把這一句話放心底。想一想，再去做！

她說，就這麼簡單嗎？

我說，她做了就會知道，到底簡不簡單。做得徹底，對人事物的看法，說不定有可能全翻轉過來！

慈愛的父母與受傷的小孩

有時候跟當事人聊，會有看到一個受傷的小孩正在面前的錯覺。那種錯覺，又會引發另一種錯覺，好像我比較優越，好像我懂得比較多，好像我比較堅強。

我如果覺察到這樣的錯覺出現，我就會比較小心。我知道，當事人因為信任，而展現了脆弱的一面，這種脆弱，其實隱含著一種堅強，那是想讓自己過得更好的信念。

我的內在，也有受傷的小孩，就跟當事人一樣。不管我做了什麼工作，我讀了再多書，我自己內在那個受傷的小孩，依然需要被關懷。

然後，我也常看到當事人的另一個角色，會相對應於受傷的小孩出現，那就是嚴厲的父母。開始怪罪自己，怪罪他人與社會。有些嚴厲的父母，甚至不允許受傷的小孩存在，威嚇它、排擠它，最好是除之而後快。

好像自己把自己的存在，視為一種羞恥與罪惡。

慈愛的父母，可以幫我們一點忙。有時候，我會試著扮演，當然最後，我希望當事人學著自己來。

沒有榜樣，當然辛苦一點，不過，倒不是都做不到。慈愛的父母，可以對受傷的小孩，說出下面的話：

「你很努力，做了不少事囉！」

「你一次比一次更好！」

「看到你，我就覺得開心！」

「好好難過，慢慢來，我等你！」

「你可以生氣，也可以找到更好的表達方式！」

「你找到了一種沒辦法成功的方法，這也很有價值！」

……

基於事實，給予肯定。撫慰人心，又能指出可行的方向。慈愛的父母，能練習得更強健，受傷的小孩就更有依靠。

如果有孩子的當事人，也可以對著孩子練習，變成孩子與自己的慈愛父母。對孩子說好話，就是對自己說好話。

當下便抽離，只在呼吸間

她說她昨天把孩子罵慘了，怕我從孩子那邊知道就來罵她，所以她先自首。

她實在誤會我了，雖然我聽到這件事不會太高興，因為罵孩子用處不大，還可能增加孩子的情緒行為問題。罵完常變成冷戰，該談的事常沒好好談。可是，以我對她的瞭解，我也明白，孩子受苦，她自己也不好過啊！

她就是太容易陷到情緒裡面，連跟孩子說話之前先深呼吸都做不到。可是，那不代表她就該放棄，那也不代表我就該放棄啊！

像有個孩子，以前玩遊戲輸了就會暴怒。最近他就算輸了，也能保持風度，也分得清楚有些事其實不重要，不用那麼在乎。這樣跌跌撞撞地走過來，也好幾年了！

我還是從基本的情緒命名來著手，先把情緒搞清楚再說。問她，當時有什麼情緒？

她也直白，就生氣啊，還能有什麼情緒?!

孩子在學校破壞同學的東西，如果是我，可能會有挫折、失望、難過、擔心……等等。然後，會怕不知道回到家怎麼面對先生，因為她先生常批評她不會帶小孩。

她說，對啊，是有這些情緒跟想法沒錯！後來還是跟先生講了這件事，他是沒講什麼，但看起來就是不高興的臉……

事前的覺察沒辦法，就很難自我調整。可是，事後的分析不能忘，就像寫日記一樣，寫久了，以後遇到類似的狀況，正在情緒當中，注意力就有機會多拿一點回來放在自己身上，感受、體驗、理清各種情緒，當下便抽離，讓情緒緩解，只在呼吸之間，行動不必然跟情緒綁在一起。

有時候，情緒難處理，就是很多情緒一次纏在一起了。以她來說，教養問題常跟婚姻問題連在一塊，她對自己又沒足夠自信，也沒有一個教養上的好榜樣——她從小接受的就是打罵教育。

成團的情緒，只要能一條一條梳理開，知道源頭、知道結果，那麼便像是內在清明澄澈，情緒依然在，只是多了輕鬆自在，情緒的強度也似乎被限縮了那般。

這個部分，我們一點一點來解析，對她並不容易。

目前當務之急，就是孩子的行為處遇。跟她討論，找出困擾行為之前的情境，鼓勵替代行為，加強親師溝通，跟對方家長道歉，考量對班上的同學進行教育……也跟孩子談一談，請孩子描述當時前因後果，然後命名情緒，討論替代行為。

偶爾我會站在家長的角度想，生活都已經不容易了，還要在教養問題上承受好幾倍的壓力，自己的情緒也搞不定，實在煎熬。如果能學到把情緒從當下抽離，雖然不容易，但是學到了，可以讓苦惱煩躁不再那麼困擾，也很值得了。

她能學會面對自己的情緒，才能教導孩子，一生相伴不相絆。

對不起，我讓你失望了

最近參加一個活動，看到一位笑起來像天使的男孩。男孩似乎有些擔憂，自己要離開父母到教室跟大姊姊一起參與活動。爸爸媽媽半勸半鼓勵，要孩子鼓起勇氣。孩子最後笑開來，好像非常有自信，自己一定能做得到。

有時候，小朋友會知道爸爸媽媽的期待，想辦法讓自己裝成爸爸媽媽喜歡的樣子。即使這個樣子，小朋友自己不見得喜歡。

進教室的時間到，男孩開始怕了，扭動著身體，不願進教室。爸爸皺起眉頭，媽媽猛勸，焦慮讓媽媽講話的速度越來越快。最後，孩子的恐懼還是大於他的勇氣，教室門關起來了，他還是沒辦法進去。

這時候，爸爸翻臉走人，大概是剛剛花了這麼多心力勸，可能滿心以為孩子絕對沒問題，一下子翻盤，他不能接受。我看著孩子，想要牽著爸爸的手，爸爸的手躲開，孩子一直希望跟爸爸對話，爸爸不看他、不理他，自顧自地走著。

大人也會有情緒，有時候調適的時間可能比孩子還久。

我在想，孩子心裡的ＯＳ，大概是：「爸爸對不起，我讓你失望了！」

我看國外的電影或影集，很常看到成人子女，在面對自己的父母親過世的情境，很在乎自己「有沒有讓父母感到驕傲！」我想，在華人文化也有很類似的情況，只是我們比較常有的表達方式，是怕我們讓父母失望。

我有一位朋友，常糾結在這樣的情緒裡面。他常覺得自己半吊子的狀態，很難跟父母交代。雖然養得活自己，但目前看不到什麼大發展，也沒什麼可以讓父母拿出去炫耀的成就。

也許，因為如此，他對別人的批評很敏感。敏感到似乎干擾到他的工作，只要比較難一點的事，他就很想躲。躲不掉的，他就處處防衛，深怕被攻擊。有時候我在想，如果他不要花那麼多時間維護他的自尊，為自己找理由，把這些精力花在工作上，那會更有成就。

要做事，就要預期會被罵。我們當然希望圓滿，但圓滿很難，特別在現在的社會。我猜測，即使真有所謂圓滿存在，也會被罵，因為你很圓滿，就會有人因為覺得他相對不圓滿，所以攻擊你、扯你後腿，想辦法讓你變得更爛。

我只能說，如果我是那位爸爸，我會把焦點多放一點在孩子的情緒上，而不是讓自己的情緒控制自己。打從一開始，我可能就不會那麼積極地要孩子去做他做不到的事，他不需要特別做什麼來滿足我，我寧可他多花一些時間去滿足自己，包括按照他自己的步調去克服自己的恐懼，得到成就感。

我也會鼓勵孩子，孩子就算不想進去，我帶著孩子在外面看也可以，不需要這麼快放棄。我會讓孩子知道，「這次沒辦法，下次再試試看就好！」

也許，在教室外面，透過透明落地窗看著裡面的有趣活動，跟著孩子一起笑，會讓他下一次更想進去。也許，不經意地跟孩子談到，以前克服恐懼的成功經驗。或許，告訴孩子：「沒關係，有時候，長大就會找到方法，讓自己不會那麼怕了！」

但是不管孩子努力的結果如何，我都愛他，並且傳達出來讓他知道。我認為，他帶著我的愛，更容易突破他想突破的困難。我的另一項工作，就是營造環境，讓孩子有機會再嘗試。也許，有機會讓挑戰的難度，調整到比目前孩子能承受的，難一點點就好。

他是個笑起來多麼可愛的孩子，對照他哭叫著，要牽爸爸的手的模樣，那種落差讓人不捨。我知道，爸爸很失望，不過，他如果能抽離出自己的情緒，多看看孩子，我相信，他失望的時間可以更短。然後，他需要了解，孩子做不到不是只有大人失望，孩子自己，也承受著對自己的失望。

原來我們也可以跟著孩子一起自在

她為了孩子被診斷為發展遲緩，而痛哭流淚。這樣的畫面，我已經很熟悉了，但還是忍不住情緒上有些起伏。說實在話，孩子有狀況，說不定比父母自己生病，還讓父母難受。

孩子一出生，很多爸爸媽媽湧現的強烈父愛與母愛，希望給孩子全世界最好的事物，這是很常見的自然反應。沒想到，孩子卻有狀況，不管從遺傳或環境的角度來說，父母躲不掉反覆質問的自責，有著很深很深的愧疚。

我接觸特殊兒童超過兩個十年了，看著許多父母，經歷過同樣的歷程很多次，也陪著父母成長很多年。特殊兒童的父母，當他們年長許多之後，看到的視野，又不太相同。

「希望給孩子全世界最好的事物」，這個想法，即便是由強烈的情緒所促動，我們自己也知道並非全然理性，但我們仍忍不住抱著這個想法。這因此成了執著，我們跟孩子，都可能受執著之苦。

所以，當孩子有一些生理、心理方面的困難，當孩子在學校被排斥、被嫌棄，當孩子不珍惜我們所給予的資源……我們的情緒，可能會在某個陡然的瞬間湧現了驚濤駭浪。浪濤一直被拍打的，可能是我們孩子的缺陷，或者孩子的不夠完美。

我們沒辦法把視線從孩子的「沒有」移開，把孩子的「有」看進來。說不定，我們腦海中已經把孩子長大過程中的每個跌倒，想過一遍（也許比實際發生的還更糟），而沒辦法把心靜下來，去欣賞我們所忽略的理所當然。

我們注意著哪裡，世界就在那裡。

有時候，歲月悠悠，能把搖擺顛頗的心復歸平靜。現實狀況不見得改變，但我們眼光不同，因此我們的世界也變得不同。我們會發現，孩子比我們所想像的還要自在，然後，我們慢慢發現，原來我們也可以跟著孩子一起自在。

孩子有可能正享受他的赤子之心所帶給他的美妙感受——很多事物都有趣，明天永遠值得期待。他可能很懂得表達自己的喜惡，他可能很多事都想要自己來，他可能很願意幫助人，或者是世界上最善良，他也許會隨著音樂擺動著小手小腳，他也許看著寵物，眼睛裡閃動著亮光……

或許，我們可以再進一步看清，孩子所遭遇的困難，也不見得是我們能決定。我們的DNA，或者已經存在的現實環境，大部分我們不得不接受。我們一個人過於渺小，已經被上天安排好要發生的事，我們也很難憑一己之力去阻止，也不是我們能讓它發生。拖著罪惡感，路更難走。

把心靜下來，執著少一點，孩子的真實樣貌，有機會能一點一滴在我們眼前浮現，無論是「有」還是「沒有」，不再為二。該做的事我們一樣做，心態不同，親子好好過生活，我們的生活在當下，而不是在未來哪個不確定的時間點。祝福正處在這個階段的父母們，因著受苦而學習，然後找到平靜！

白開水人生

我們本來在討論讓孩子發展自己的興趣，有機會開發自己的天賦，她講到她自己。她自己很羨慕有特色的人、有專長的人，她的人生就是很平庸、平凡，像白開水一樣，隨處都看得到。

我說，可是白開水很重要，你們家如果沒有你這個白開水，也沒辦法成一個家。她似乎沒被這句話安慰到，於是，我跟她深談：像白開水，那是什麼感覺？

我把我們討論的片片段段整理起來：她最主要就是感覺空虛，覺得人生好像就只是這樣，她自己覺得沒什麼價值感，在精神上也沒什麼寄託，提不起勁。我分析，也許一方面是因為全職主婦常出現的沒成就感，一方面可能是中年危機，人生過了一半，對於追求自我實現的失落，以及邁向死亡的焦慮，這些情緒一下子混合在一起，讓她不知所措。

不過，生理的狀況也需要排除，生理也可以部分地解釋那種疲倦感。我建議她有空安排健康檢查，就相關症狀詢問醫師。

我回到培養孩子興趣的話題，我舉某位心理學家的說法：我們要問的問題，不是一個孩子聰不聰明，而是在什麼領域聰明？

這位心理學家提出，他很不喜歡傳統的ＩＱ測驗，更不喜歡用考試分數去評量孩子的成就，而是希望父母以身作則。要有熱情，要把自己的能力運用在每日的生活中，積極去面對問題，細心觀察、敢於發問，這是他對大人們的建議。

我很認同他的看法，我個人甚至認為，預防一個人感覺空虛，上述的講法非常值得實踐。我跟她講到，不要把傳統社會對於家庭主婦的看法內化，自己也看輕了家庭主婦的角色與工作。

光是做菜就是大學問，現在有不少社團，裡面的人數也不少，一起研究探討，

也很有樂趣。做菜只是統稱，還包括烘培、甜點，更能細緻地討論食材來源、營養成分、鍋具……連我自己哪一天有空，也想學做菜。

如果她自己對生活沒熱情，不願意嘗試新東西，這種態度自然會影響孩子。眼睛不要只看大事，也可以多觀察小事。我舉例，像有些小朋友很不喜歡喝水，影響健康，在白開水裡面加點檸檬，就變成檸檬水，或者加一點蜂蜜，就可能增加小朋友喝水的動機。

以我來說，我喜歡觀察人，喜歡談心理學相關的知識，有人就說我的「自省智能」不錯。可是，我從小就有這個興趣，但這個興趣在高中以前，大概沒什麼機會表現在分數上，也不是特殊才藝，也不能比賽得獎。

連我讀心理系，家人都會憂心我找不找得到工作。可是我現在覺得人生很值得期待，我常在工作，但我覺得我不像在工作，這根本就是我的生活。

所以我期待，她找一件最有感覺的小事試著去做。不要看不起小事，也許暫時看不出實用的價值，可是至少以自己的心理健康來說，這就很重要。

我跟她分享一句德蕾莎修女的話：「奇蹟不是我們做某個工作，而是我們很高興的做。」

我覺得我找到了屬於我自己的奇蹟，祝福她也找到屬於她的。

外表嚴肅 內心輕鬆

那時候，約十一月初，她就已經打定主意，過完年後要離職了。因為主管突然叫她把一個離職員工的工作給扛起來，不打算補人了，想省一點人事成本。

她對於薪水沒增加，福利也沒比較好，突然要她一個人做兩個人的工作，覺得很不合理，放風聲要辭職。主管的反應則是開始指責她工作不認真、挑她小毛病，想逼她就範。這下，她真的下定決心要走了。

只是，她也不是省油的燈，想領完年終獎金之後，輕輕鬆鬆地度過一個休假多的二月，領完一個月份的薪水之後再走。主管更狠，想要省成本，連年終都不想給，想在年底前逼她自己走，遣散費也省下來，隔年二月之後再補人，要求其他同事一起扛工作。

於是，主管就是找她去罵罵罵……開會罵，平常也罵，雙方像在進行耐力賽。

她問：「反正這段時間，我就是會一直被罵，我認了，當初她也是這樣對待○○○。我要怎麼樣才能安全過關？」

我說：「套一句當兵學到的話，『外表嚴肅，內心輕鬆』。妳在讓她罵的時候，態度上不要被挑毛病，保持肅穆，但內心可以放空。不放空，很難過！」

她說：「這還要你說，她罵那麼多次，講得內容都差不多，我早就放空了！」

我跟她澄清，所謂放空，是那些繞在大腦中的自我對話的語言要停止，像是「省下來的人事成本，一部分還不是進到妳的口袋裡去了！」、「妳有什麼資格罵我，妳還不是一樣？」、「等著瞧，我要給妳好看……」。這些心裡話只要一出現，難免就會想回嘴、想爭辯，這個時候，爭辯要有效早就有效了，主要是要在心理層面自我調整。

有些人會說，當成狗在吠。我的說法，是不去評斷，盡可能不跟惡言產生交集，自然比較能穩住心境。

我跟她說明，她平常就要開始找空檔靜坐、運動，這幾個月很難熬，消化一下自己的情緒。注意自己的呼吸與身體感受，這些動作練習久了，被主管罵的時候要拿出來用，但是意識上要保持清醒，因為還是得要適時回應主管的問題，但是情緒上可以疏離，好像在遠方看著兩個人在互動著那樣……

可惜，她正在情緒當中，只想要找便捷的辦法。她看電影、吃美食、逛街，這些是她平常紓壓的方式。沒撐到年底，她就自己辭職了，主管的「管理」成功。

我常常只能建議在這種情況下的孩子們，被父母宣洩個人情緒式地謾罵時，別回應，多去做好自己的事，保護好自己比較重要。但是成人可以做的事多一點，我聽過一位家長，他在這種環境下撐過好幾年，實在是不得已。

祝福她現在過得好，能在合理的工作環境實現自我。

在愛情中重現的親子互動

她很喜歡管她男友，覺得他飲食習慣不佳、生活習慣不好。這是她媽媽管她的方式，她媽媽常說，這是為了她好。所以她想對男友好，就管他，對她來說，這是一種愛的表示。

管孩子等於愛孩子，這是親子互動當中，常出現的邏輯，但不完全正確。因為愛孩子，通常是孩子要感受到一些正面的情緒，這才比較完整。

可想而知，她用了她媽媽愛她的方式，去愛男友，引起了不少衝突口角。就算她媽媽給她的生活教育是正確的，並不代表男友家庭給他的生活教育是錯誤的。就算管一個人，也會有很多種方式，輕易用自己的方式否定對方，那關係就容易陷入危機。

所以我常提到，親子關係會影響孩子的兩性關係，例子實在不勝枚舉。這也是為什麼，我鼓勵年輕人如果想要發展長久的關係，還是要回到對方的家庭裡去思考比較好。

不過，在情愛關係裡面，剛開始交往的新鮮感，以及跟性相關的興奮，可以沖淡這些相處上的不適。所以，有些人還會覺得，「打是情，罵是愛」。

相處這件事，是平平淡淡、簡簡單單，不像好萊塢電影那樣，常有爆點。不過，很多小事，卻影響深遠。

像是最近跟不少朋友，談到親子關係中的報復——我「覺得」你傷害了我，我就傷害你。當然，所謂「覺得」這件事，非常主觀，可是我們因此執行了報復，就相對客觀了。

即便是在親子關係，這種以愛為基調的關係裡，報復依然很常見，只是我們很不想談。雙方拿出各自的影響力，互相傷害對方，進行物質與情緒上的角力，看誰先倒下、投降。

如果這種處理情緒的方式延續到情愛關係裡，輕則雙方都在關係中痛苦，重則產生了社會新聞可見到的遺憾。那該怎麼辦呢？

我們覺得自己被傷害了，可以先保護自己，保護自己不是一定要傷害對方，比較中性的作法，就是拉開距離。先冷靜一下，只說必要的事，不在情緒中做重大的決定，這也是保護自己，更能減少對彼此傷害的累積。

一個人「覺得」自己被傷害了，有辦法進行討論嗎？如果這個人覺得自己被傷害了，就要先想辦法發洩，口不擇言。那麼，很多事不但沒辦法談開來，反而製造更多問題。

對方不聽我們的勸告，我們會怎麼做呢？

我認識有家長，喜歡同一件事用不耐煩或大小聲的語氣，重複念他的孩子，念到孩子願意做為止。簡單來說，就是要讓孩子在精神上先感覺煩躁、痛苦，然後逼得孩子不得不去做，來減輕這種煩躁、痛苦。

我也認識某些太太或先生，會使用這種方式，讓另一半屈服。只是，被念的人不舒服，念人的人也不舒服。這種先累積煩躁、痛苦，同時出現在親子與情愛關係中的手段，是在侵蝕關係的基礎。至於對方會不會因此屈服，不一定。

尊重很重要，不過，講起來不容易，做起來更難。常要在生活不同情境中示範，身教加言教，比較好學習。不過，不是所有父母都懂得尊重孩子，因為父母彼此可能都不懂得互相尊重了。

如果我們的父母沒有給我們好的榜樣，那麼，我們在進入另一段親密關係之前或之後，就要花很大的功夫，進行自我教育了。

無論如何試著愛

我最近要帶青年愛情工作坊，整理了一些關於愛情的迷思。像是：

人生一定要有愛情，沒愛情就是魯蛇

愛上你，我什麼都願意爲你做

愛一個人就要愛他的全部，包括缺點

初戀最美（期待一見鍾情式的愛情）

我愛你是一種命中注定

我一定可以改變你（你愛我就應該配合我）

我一定能爲你改變

要找一個愛我比我愛他多的人

被分手就等於對我個人的否定
愛一個人就是要每天膩在一起（他沒想我就是不愛我）
情人之間不能有秘密
好情人就是好朋友
愛上你，我就屬於你（愛上我你就屬於我、你是我的女人）
愛你的人才會對你發脾氣
……

這還只是其中可能談到的一部分，不是都不能這樣想，只是在某些情境這樣想，會遭遇關係的困境。我們看了就大概了解，裡面有很多價值觀，隱含在電影、小說和偶像劇裡面。而這些，卻是青年朋友或者說是大部分人的情愛範本，這最後逼出了不少遺憾。

所以這需要好好探討，有時候不只是對錯的問題，而是這樣想對我們有沒有幫助？年輕人還沒累積多少人生經驗，腦中只有這些價值觀，找不出其他可能性，就成了執著。有時候，還因此喪失了保護自己的能力，讓人心疼。

其實也不只年輕人，在成年的當事人身上，那種「你愛我就要配合我（但我不需要配合你）」的想法，偶爾也都看得到。只是藏得比較深，常有偽裝，一下子看不清。

可是，這不表示我們不能去愛。愛有很多層次，也不見得只有男女情愛。愛情常從友情開始，如果能順利在友情中結束，那也是很美的事情。

友情看起來平淡，但其實不容易，懂不懂得待人處事是根本。不會做人，就跳到做情人，關係容易短暫而糾葛。延伸來說，先會做人，才更有機會把父母、老師、長官主管、員工……等，一般的角色扮演好。

我想跟各位朋友分享德蕾莎修女的一段首詩，裡面詮釋著追求愛的目的。

〈無論如何〉

不要因爲害怕被辜負
就放棄至眞至善的追求
無論如何，一定要去愛
因爲愛的目的不在於獲取
無論是獲取一個甜蜜的眼神

或是一句明確的認定
愛的行動只爲了創造連結
爲了讓我們熟悉「合一」

愛是一種練習
想想我們在戀愛中的模樣吧
發亮的眼睛，熱烘烘的胸膛
對什麼都好奇，幹什麼都起勁
所以，愛是讓我們練習活潑
練習不死心

愛的過程也讓我們培養出一種眼光
看到很多東西可以單純因爲存在而美麗
不是一定要得到回報才有意義

不只是感覺美好

他跟我分享，他常想像自己是佛陀或者是小孩。

之前有個師父跟他說，心情不好的時候，或者是感覺不知道該怎麼辦的時候，就靜靜地坐著，想像自己像大雄寶殿裡莊嚴的佛那樣。好好想著，佛會怎麼感覺？佛會怎麼想？人自然而然會比較平靜，自然而然會知道方向。

他還沒皈依，所以算不上佛教徒。可是，他喜歡佛經裡面的道理，那能緩和他的焦躁。所以，他從佛陀的教誨中，找出智慧；然後，從自己的內心，去發掘慈悲。

他有一種很妙的說法，當他進入這種狀態，藉著想像，他似乎成為美好（being good），不只是感覺美好（feeling good）。

有時候感覺並不美好，因為他受到不好的對待就想報復，他以前把報復當成一種自我保護。被人當傻瓜的感覺很差，他的想法是，那讓那個人也嚐嚐這種滋味不好受，就可以停止他的惡行。後來想了又想，佛陀教導忍辱，一定有他的道理。他才想到，報復通常讓對方的惡行更多，而不會更少。

有時候想想，這個概念真的很簡單，就是冤冤相報何時了。可是，如果他沒有抽離，不是想著佛陀，只是單純做他自己，他很難忍住，不給別人好看。

他學習自我保護而不報復，剛開始感覺很不甘心。可是，既然他想成為美好，又是他的發願，感覺不美好也去做。時間一久，能與美好的智慧同在，他想報復的感覺也就淡了。

他說，如果有人不長眼，激怒了他。然後他又以眼還眼，那可能兩個人都會瞎掉。

他說，後來他看到我的文章，講到赤子之心，他也有了興趣。觀想他自己像一個可愛的小孩，嘴笑得開開的，無憂無懼，那也是一番新的體驗。

看他好像很開心那樣，很天真又帶著傻氣，我感覺很舒服。他的說法很新奇，讓我短暫地接近了美好。我猜，他的美好，可以適用在很多種宗教，方法可以彈性變化。

我想，剛開始主要的心力如果只放在追求感覺美好，那種狀態不容易長久保有。然而，成為美好，有好的價值觀、健康的生活習慣，用美好的心態去回應他人的冒犯，如果這樣能長久成為自然，雖然不一定感覺美好，至少心靜恬淡，也相當值得期待。

靜下心去愛

在靜定中找到自己
也圓滿身邊的關係

作　者　洪仲清
主　編　蔡曉玲
行銷企畫　曾銘儀
美術設計　Joseph
攝　影　太陽的情書影像 LLFTS Photography
梳化造型　陳菲菲

發行人　王榮文
出版發行　遠流出版事業股份有限公司
地址　臺北市南昌路2段81號6樓
客服電話　02-2392-6899
傳真　02-2392-6658
郵撥　0189456-1
著作權顧問　蕭雄淋律師

2016年9月1日　初版一刷
2016年11月22日　初版三刷
定價　新台幣320元（如有缺頁或破損，請寄回更換）

ISBN　978-957-32-7877-1
遠流博識網　http://www.ylib.com
E-mail: ylib@ylib.com

國家圖書館出版品預行編目 (CIP) 資料

靜下心去愛 / 洪仲清著 . -- 初版 . -- 臺北市：
遠流 ,2016.09　面；　公分 .
-- (洪仲清作品館 ; 5)
ISBN 978-957-32-7877-1(平裝)
1. 愛 2. 生活指導
199.8　　105014669

・本書部分文章出自康軒學習雜誌進階版「TOP 教養報」之「洪老師談教養」單元